명품 스피커의 7가지 기술

이도경

Happy & Books

나의 인생은 스피치를 배우면서 바뀌었다.

다시말해, 말을 배우면서 나의 운명은 바뀌었다.

아니 말하는 법의 중요성을 알고 실천하면서 나는 새롭게 세상에 도전한다.

2000년 유아교육기관인 미술학원을 운영하면서 자신의 의사를 말로서가 아닌 울음이나 칭얼거림, 다른 핑계거리를 찾아서 표현해내는 아이들을 보면서 어린아이들에게 체계적으로 말을 가르쳐주고 싶다는 생각을 했다.

원으로 찾아오는 스피치강사를 초빙해 보았지만 똑같은 원고를 한 장씩 들고 앵무새처럼 선생님을 똑같이 따라하는 반복적인 원고외우기식의 교육이 이루어졌다.

몇차례 선생님을 교체했지만 결과는 크게 다르지않았고 결국 목마른놈이 우물판다고, 내가 나서서 스피치교육원을 찾아다니게 되었다.

아이들을 교육하기위해 배우게된 스피치교육원에서 스피치의 중요성과 필요성을 절대적으로 느꼈고 상담을 하고 설명회를 자주갖는 나부터 체계적인 스피치를 배워야겠다고 생각했다.

그것이 계기가 되어 유치부아이들을 대상으로 유아교육기관부터 스피치교육을 시작했고 이건 유치부들에게만 해당되는 것이 아니란걸 깨달으면서 초등학교, 중,고등학교, 대학교, 성인일반부,노인대학어르신들을 대상으로 스피치교육을 진행해왔다.

다수의 강의경험과 여러대상의 강의 노하우를 통하여 현재는 기업체 임원진 및 cs, 직원역량강화교육도 진행하고 있다.

이 책을 통하여 저자가 말하고 싶은 것은.

말을 잘 하지 못한다는 것은 장애가 아니다라는 것을 말하고 싶다.

몇몇의 사람들은 말을 잘하는 사람은 태어나면서부터 잘하는 것이라고 믿고 있다.

혹은 그것이 100%는 아닐지라도 얼마만큼은 가지고 태어나는 것이기 때문에 태어나면서 주어지지 않은 사람에게 노력이나 연습만으론 말을 잘하는 것이 불가능하다라고 말한다.

저자는 12년간의 교육을 통해 성실성과 근면성이 동반된 할 수 있다라는 100%의 완전긍정함만 가지고 연습에 임한다면 분명히 자신감넘치는 화술을 할 수 있다라는 것을 자신있게 말해주고 싶다.

저자가 이 부분을 확신있게 말할 수 있는 이유는 12년동안 만나온 많은 교육생들이 그것을 증명해주고 있기 때문이다.

그래서 책의 앞부분에는 대화법, 소통에 관한 이론적인 기술들을 풀어서 설명하였고 뒷 부분에는 저자가 직접 교육생들을 만나면서 겪고 경험한 성공적인 사례집을 넣고 쉽게 받아들일 수 있도록 기록하였다.

누구나가 말에 대한 부담감은 조금씩은 다 가지고 있다.

대화에 문제가 없다면 발표에 어려움이 있고 발표를 잘 하는 사람이라면 응용력이나 유창함이 부족한 경우도 있고 응용력이 좋은 사람은 체계성을 필요로하는 프리젠테이션이 안되는 경우도 있으며 모든 것이 다 잘되는 데에도 불구하고 목소리자체가 좋지않아 정보전달기능이 떨어지는 경우도 있다.

이와같이 누구나가 말이란 것에 대한 불편함은 지닐 수 있는데 저자가 안타까운 것은,

불편함을 겪는 정도가 일상생활에서 느끼는 불편함정도가 아닌 스트레스를 동반한 불편함이라든가 스트레스를 넘어서 생활에 직접적인 악영향을 끼치는 상황이라면 이것은 용기를 내어볼 필요가 있다는 것이다.

스피치를 배운다라는 것보다 더 막막한 것은 처음 스피치교육원을 방문하는 것이란걸, 저자는 안다,

그것은 연단에 나와 처음 말을 시작하는 두려움보다 연단앞에 나오기까지의 두려움이 더 큰 것과 같다.

그렇기 때문에 용기가 필요한 것이다.

행복한 생활은 누구나가 꿈꾸는 바람이고 이상이다.

그것을 다른 것으로 충족시키기보다 가장 중요한 요소는 나의 의견을 내식으로 내가 만족스러울만큼 전달하는 데에서부터 본인성취감이나 만족감을 얻어낼 수 있다.

어디에선가 내가 전하고저하는 말을 내가 놀랍게도 잘해내고 왔을 때의 경험이 있는 사람이라면 저자가 말하는 것이 무엇인지를 쉽게 알 수 있을 것이다.

그것을 직접적으로 경험해본 사람만이 자신감을 얻을 수 있으며 스스로 얻어낸 자신감이 충족되고 충만해질수록 자아존중감이 생겨날 수 있다.

남을 위한다는거, 남을 배려한다라는거, 남을 존중한다라는거, 타인과의 건강한 관계형성역시 자신을 먼저 사람할 수 있는 자아존중감이 형성된 사람만이 누릴 수 있는 진정한 여유이고 그것이 크게는 사회생활로 더 크게는 사회적 영향력을 발휘하는 사람으로 커나갈 수 있는 길이기에 말에대한 불편함을 지니고 있는 당신이라면 용기를 내자라는 것을 정중히 권하고 싶다.

40에 스피치책을 내고 싶다라는 막연한 나의 계획을 정말 실행으로 옮길 수 있었던건,

책의 내용에 나와 있듯이 격려의 말, 칭찬의 말, 용기의 말 때문이다.

스피치개인코칭을 많이 하다보니 사람들에 관한 속깊은 내용을 상담하게 되는 일이 많아졌고 스피치 때문에 겪는 고민이나 난관이 생각보다 더 문제시 될 만큼 큰 어려운 현실이란 것도 알게 되었고

스피치 때문에 승진을 못하신는 분, 집안에서 나오지 못하시는 분, 사람을 사귀지 못하시는 분등 여러분들을 보면서 너무나 큰 안타까움에 목소리를 높이니 평소 나의 멘토가 되어주셨던 전도근 박사님께서 책을 쓰세요, 하세요, 하면돼요. 라는 격려의 말을 해주셨고 그 격려한 마디로 끄적끄적 글을 쓰기 시작했다.

잘할거야, 잘될거야, 하고싶은거 다해.

옆에서 소리없이 무조건 지지해주며 칭찬해주는 나의친구.

응원해주고 믿어주고 용기주며 본보기가 되어주는 지인분들.

지금까지 늘~~~함께 든든한 울타리가 되어준 스피치임원분들.

바쁘다는 핑계로 함께하지 못해도 넓은 아량으로 봐주는 내아이들과 가족들이 함께 했기에 인생계획서에 계획되어 있던 또 한가지를 실행할 수 있었다.

주변의 모든 분들게 감사드리고 앞으로 말로서 한층 더 성장해가는 사람으로 거듭날 것이다.

1장 _ 소통의 원리를 알면 대화의 달인이 될 수 있다 _ 9

2장 _ 마음열기-대화법 _ 51

3장 _ 마음속으로 깊이 파고드는 대화법 _ 83

4장 _ 눈치 못 채게 설득하고 군 소리없이 거절하기 _ 131

5장 _ 닫힌 대화를 열린대화로 유도하는 방법 _ 161

6장 _ 소통의 포인트 기법 _ 189

7장 _ 실전교육사례로 배우는 스피치기법 _ 221

소통의 원리를 알면
대화의 달인이 될 수 있다

말을 시작하기 이전에
생각할 시간이 있다면..

내가 하고자 하는 말이
정말 가치가 있는지..

말을 할 필요가 있는지..

내가 원하는 말을 하여
누군가에게

상처를 주지는 않을지
생각해 보라.
〈톨스토이〉

01 말을 잘해야 하는 이유

*말도 아름다운 꽃처럼 그 색깔을 지니고 있다. - E.리즈 -

우리는 인생을 살면서 만남의 연속이다. 부모와의 만남으로부터 시작하여, 또래 집단과의 만남, 선생님과의 만남, 배우자와의 만남, 직장에서 동료나 상급자들과의 만남 등 살아가면서 수많은 사람들을 만나게 되고 그들과의 관계 속에서 자신이 세운 인생의 목표를 달성해 간다.

이렇게 우리는 태어나서 죽을 때까지 사람과의 만남에서 시작하여 만남으로 끝난다고 해도 과언이 아니다. 그렇다면 사람과 사람을 이어주는 연결고리는 무엇인가? 그것은 바로 의사소통이라고 할 수 있다.

말을 하지 못하는 영유아기에는 말을 할 줄 모르지만 자신의 의사를 부모에게 표현하기 위하여 배고픔과 아픔을 몸짓과 소리만으로 의사표시를 한다. 아동기가 되면서 비로소 말을 시작하게 되고 자신의 필요한 요구를 부모나 친구에게 전달한다. 그러나 상대방에 대한 인식이 강화되는 청소년기가 되면서 상대방의 의사를 반영하는 대화의 의미를 파악하게 된다. 결국 사람사이의 의사표현에는 몸짓과 소리, 말, 대화 등 모든 것으로 가능하다는 것을 알 수 있다.

이처럼 우리의 삶은 만남의 연속이고, 만남은 대화로 이루어졌기 때문에 결국은 삶은 대화의 연속이라고 할 수 있다. 그러나 누구나 똑같이 매일하는 만남과 대화지만 어떤 사람은 하는 일마다 술술 잘 풀리는 반면에, 어떤 사람은 하는 일마다 잘못되는 경우가 있다. 그 이유에는 여러 가지가 있겠지만 그중 가장 중요한 요인 중에 하나가 바로 대화이다. 대화를 잘못해서 될 일도 안되는 경우가 있고, 잘되어가다가도 중간에 수포로 돌아가는 경우가 있다. 굳이 대화의 중요성에 대하여 논란을 따지기 전에 대화 중 내가 던진 말 한마디의 위력이 얼마나 큰 것인지를 알려주는 문구가 있다.

부주의한 말 한마디가 싸움의 불씨가 되고
잔인한 말 한마디가 삶을 파괴합니다.
쓰디쓴 말 한마디가 증오의 씨를 뿌리고
무례한 말 한마디가 사랑의 불을 끕니다.
무시하는 말 한마디가 고통을 삶의 회의를 주고
저주의 말 한마디가 죽음을 가져오게 합니다.

은혜스런 말 한마디가 길을 평탄하게 하고
힘있는 말 한마디가 희망을 불러일으킵니다.
배려하는 말 한마디가 인생의 의미를 알게 해주고
격려하는 말 한마디가 고마움을 알게 해줍니다.
칭찬하는 말 한마디가 자신감을 주고

양보하는 말 한마디가 존경하는 마음을 갖게 해줍니다.
즐거운 말 한마디가 하루를 빛나게 합니다.
때에 맞는 말 한마디가 긴장을 풀어 주고
사랑의 말 한마디가 축복을 줍니다.

이처럼 대화시에 주어지는 말 한마디는 사람들에게 싸움이 되게 하기도 하고, 삶을 파괴하기도 하고, 증오심을 유발하게 하기도 하고, 사랑의 불을 끄게 하기도 하고, 삶의 회의를 주기도 하고 심지어는 상대방을 죽음에 내몰기도 한다. 그러나 반대로 말 한마디는 삶을 평탄하게 하기도 하고, 희망을 불러일으키기도 하고, 인생의 의미를 알게 해주기도 하고, 고마움을 알게 해주기도 하고, 자신감을 주기도 하고, 존경하는 마음을 갖게 해주기도 하고, 하루를 빛나게 하기도 하고, 긴장을 풀어 주기도 하고, 심지어는 축복을 주기도 한다.

이처럼 우리가 하는 말 한마디는 엄청난 위력을 가지고 있다. 대화를 잘하면 축복이지만 대화를 못하면 상대방을 죽일 수도 있다. 결국 말이 마음의 문을 열지 않으면 일이 꼬이고 잘못되지만 말이 마음의 문을 열면 모든 일이 잘된다는 것을 알 수 있다.

02 말이 주는 위력

　미국의 조사 연구를 살펴보면 미국민을 대상으로 자신이 대화를 잘 하고 있느냐는 질문에 조사대상자의 10%에서 50%사이가 다양한 대화 기술을 적절히 수행하지 못하고 있는 것으로 나타났다. 즉, 그들은 사람들과의 대화시 적절하게 표현하는 능력이 부족하거나, 질문이 있을 때 그것을 적절하게 내용으로 선별해서 답한다든가 혹은 다른 사람과 의견이 불일치할 경우 자신의 관점을 명료하게 기술하는데 있어 어려움을 겪은 적이 있는 것으로 나타났다.

　이러한 사실은 비단 이 연구뿐만이 아니라 경험적으로도 그 근거는 여러 곳에서 발견할 수 있다. 우리가 일상생활에서 수많은 대인관계를 맺으면서, 상대방의 말을 잘 못 알아듣거나 내가 원한 바를 잘 전달하지 못하는 경우 등 이로 인해 오해를 만들고 대인관계에 곤란함을 가져오는 경우를 수도 없이 보고 직접 경험하고 있기 때문이다.

　문제는 대화가 단지 두 사람간의 커뮤니케이션을 방해하여 개인에게 사회생활의 어려운 요소로만 등장한다면 문제가 없지만, 이는 나아가 개인적인 관계보다는 대인 관계, 더 나아가 사회적으로도 문제를 일으킬 수 있기 때문에 문제가 된다.

　대화 능력의 부족은 그렇지 않은 사람보다 더 높은 성격장애, 우울

증, 수줍음, 외로움, 불안, 초조, 대인기피증 그리고 사회 부적응으로까지 이어질 확률이 더 높은 것으로 나타났다. 학생들에게는 학업능력 저하로 이어지기도 한다는 연구보고가 있다.

결국 대화를 못하게 되면 사회생활을 제대로 할 수 없다는 결론이 나온다. 그래서 사회생활을 제대로 할 뿐만 아니라 자신의 인생을 성공으로 이끌어 가려면 대화를 잘해야 한다는 결론이 나온다. 이처럼 대화를 통해서 성공으로 이른 사례가 있다.

미국의 유명한 자선 사업가 브루크 애스토어는 뉴욕시 최고의 명사로 알려져 있다. 뉴햄프셔 주 포츠머스에서 태어난 그녀는 정규교육을 받지는 못했지만 잡지사 기자로 성공할 수 있었다. 한 번의 이혼과 두 번의 사별 후에도 그녀는 여러 번 결혼했다. 그 가운데 전 남편 고 빈센트 애스토어는 1959년 사망 후 그녀에게 엄청난 재산을 남겼고, 덕분에 그녀는 자선 사업가로 활동하게 되었다. 막대한 재력에 사교성까지 갖춘 그녀는 박물관, 문화재 보호 프로젝트, 문화 재단을 통해 활발한 자선사업을 펼쳐 나갔다. 또한 뉴욕 시립 도서관 관장을 역임하기도 했다. 그녀는 자서전 "발자국(Footprints)"에서 그의 성공 비결은 대화로부터 시작되었다고 한다.

그는 아주 어릴 때부터 사람들과 원만한 관계를 유지하는 것이 제일 중요하다고 부모로부터 배웠다. 그런 관계를 유지할 수 있는 가장 좋은 방법으로 그가 배운 것은-물론 여러 가지가 있지만-대화라고 하였다. 그는 "일방적인 의사 전달이 아닌 서로를 배려하는 대화를 통해서만이 참되고 풍부한 교류를 나눌수 있고 가까워질 수 있다고 하였다. 단지 생각과 의견 교환뿐 아니라 기쁨과 즐거움, 슬픔과 괴로움도 함께 나누게 되다 보니 자연스럽게 사람들이 몰리게 되고 행운이 찾아오게 되었다고 한다.

브루크 애스토어의 성공비결을 보면 공식 교육은 한번도 받지 못했지만 그는 대화를 잘하는 것으로 운명을 바꾸었다. 그가 대화를 잘하게 된 이유는 어렸을 때부터 어머니가 어른들의 대화에 끼워 주셨고 자연스럽게 분위기를 이끌어 주셨기 때문이라고 한다. 어른들과의 대화에서 그는 언제나 이상한 나라의 앨리스가 된 기분이었지만 이야기가 점점 더 어려워지고 도무지 이해할 수 없을 때도, 분위기에 매료되었고 대화 속에 더 깊이 빠져 들어가곤 했다는 것이다. 그 시간들은 결국 어머니가 내게 준 가장 소중한 선물이었으며, 그 선물 덕분에 그 역시 어릴 때부터 내가 느끼는 점을 자연스레 표현 하면서 자랐기 때문에 이 세상 누구와도 진실된 대화를 나눌 수 있는 힘을 갖게 된 것이다.

브루크 애스토어는 초등학교도 나오지 않았지만 그는 만나는 사람마다 통하여 잡지사 기자로 성공하였고, 뉴욕시 최고의 명사로 알려졌으며, 엄청난 유산을 물려받아 자선사업가로 이름을 날렸다.

03
말과 대화의 차이

우리나라에서는 서구의 풍토와 달리 침묵이 강조되는 사회였다. 그래서 옛말에 '침묵은 금이다', '가만히만 있으면 중간은 간다'라는 말을 자주 사용하였다. 그러나 요즘 정보화 사회가 되면서 자신을 잘 표현할수록 대우를 받는 세상이 왔다. 자신이 아무리 가진 것이 많아도 말을 잘하지 못하면 충분한 표현을 못하므로 결국 자신이 가진 재능을 남들에게 보여줄 수 없는 세상이 왔다.

또한 예전에는 침묵만 지키면 2등은 할 수 있지만 섣불리 잘못 말했다간 망신당한다는 의식이 지배하였기 때문이다. 그러나 이제는 말을 잘하는 사람을 사회에서 원하고 있기 때문에 침묵을 지키는 사람보다는 말을 잘하는 사람이 더욱 각광받는 시대가 왔다.

그렇다면 말이란 과연 무엇인가? 우리가 말이라고 하는 것은 사람의 생각이나 느낌을 입으로 나타내는 소리 또는 그 행위나 내용을 의미한다. 영어로는 스피치(speech)라고 하는데 스피치(speech)의 사전적 의미는 말하기, 말씨, 말투, 발언, 화법' 또는 "말하는 능력"을 통칭하는 말이다. 영미인들이 쓰는 Speech는 좁은 뜻으로는 연설로 사용하지만, 넓은 뜻으로는 연설, 웅변, 토론, 토의, 회의, 좌담, 대화, 화술, 화법, 커뮤니케이션 등에 이르기까지 그 범위가 대단히 넓다.

그러나 일반적으로 스피치는 주어진 시간과 장소에서 다수의 사람을 대상으로 기술적으로 말하는 것을 뜻한다. 따라서 스피치는 인간이 생활하는데 자기표현의 수단이며 경쟁의 시대에 생존할 수 있는 무기이기도 하다.

그렇다면 대화란 무엇일까? 대화(對話)를 국어사전에서 찾아보면 대화는 마주 대하여 이야기를 주고받는 것을 말한다. 영어로는 커뮤니케이션이라고도 한다.

커뮤니케이션은 대화보다 더 넓은 의미로 사용된다. 커뮤니케이션은 사람의 언어나 몸짓이나 화상(畵像) 등의 외형적 기호를 매개수단으로 정신적·심리적인 전달 교류 작용을 말한다. 어원은 라틴어의 '나누다'를 의미하는 'communicare'이며, 본래의 뜻은 신(神)이 자신의 덕(德)을 인간에게 나누어 준다는 데서 시작하였다는 것이다. 그래서 오늘날 커뮤니케이션은 어떤 사실을 타인에게 전하고 알리는 심리적인 전달의 뜻으로 쓰인다.

말과 스피치는 상대방의 반응과는 무관하게 일방적으로 하는 것이라고 한다면, 대화나 커뮤니케이션은 사람이 가진 정보, 지식, 생각, 아이디어, 제안을 상대방에게 언어나 몸짓이나 기호를 통해 전달하는 일련의 과정을 뜻한다.

따라서 말을 잘한다는 것은 남들에게 부러운 항목은 될 수 있지만 상대방에게 좋은 결과를 얻는 다고는 할 수 없다. 그러나 대화를 잘한다는 것은 자신이 가진 정보, 지식, 생각, 아이디어, 제안을 어떻게 하면 잘 전달해서 원하는 결과 즉 수락이나 동의 선택하게 하는 것이라 할 수 있다.

결국 말을 잘한다고 해서 꼭 대화를 잘하는 것이 아니라는 것을 알 수 있다. 이유는 스피치는 상대방의 반응과는 무관하게 화자가 일방적으로 하는 것이지만 커뮤니케이션은 상대방의 반응을 고려하면서 하는 것이기 때문이다.

04
대화의 전 단계는 대화를 잘 하려는 마음준비이다.

세상을 살다보면 항상 자기가 원하는 대로 대화가 성사되지 않는다. 대화를 잘하던 사람도 상황이나 사람이 바뀌면 대화가 막히기도 한다. 그것은 작은 서로의 오해에 의해서 출발하는 경우가 많다. 오해[誤解]는 사실을 그릇되게 해석하거나 뜻을 잘못 아는 것이다. 오해는 화자의 대화나 행동에 대하여 잘못되게 받아들이기 때문에 발생한다. 즉 오해가 발생하는 이유는 꼭 화자에 대하여 상대방이 부정적인 마음을 가지고 있기 때문만이 아니라 같은 상징 메시지를 사용하지만 받아들이는 사람마다 제각각 받아들이기 때문이다.

대화가 마음의 문을 열지 않는 것은 이처럼 서로가 뜻은 같아도 메시지를 받아들이는 차이 때문에 오해가 나타난다. 또 다른 마음의 문을 열지 않는 이유로는 화자의 전달 방법 즉 대화 방법에 문제가 있는 경우가 많다.

'화성에서 온 남자와 금성에서 온 여자'에 보면 남자들은 화성에서 오고 여자들은 금성에서 와서 서로가 차이가 있었지만 처음에는 서로가 좋아하느라 차이가 다른 것이 오히려 좋았다고 한다. 그리고 화성에서 온 사람과 금성에서 온 사람이 서로 다른 언어를 사용한다는 사실을 모르는 사람이 없었기에 일단 그들 사이에 갈등이 생기면 섣불리 싸우거나 상대방을 비난하는 대신 우선 각자 행성의 관용어 사전을 펼쳐놓고 서로를 보다 깊이 이해해 보려는 노력을 했다. 그래도 잘 안되면 그때 통역관을 찾아가 해결하였다. 그러나 시간이 저차 지나면서 그들은 다름이 좋다는 꿈에서 깨어나면서 서로의 차이점이 지겨워지고 충돌이 시작되었다. 결국 다른 것이 갈들의 대상이 되고 만 것이다.

'화성에서 온 남자와 금성에서 온 여자'에서 보았듯이 오해가 생기지 않으려면 서로의 다른 부분에 대해서 충분한 이해를 하려는 마음을 가지고 대화를 해야 한다. 우리가 연애할 때나 신혼일 때는 서로를 이해하려는 마음이 강하기 때문에 대화가 잘 마음의 문을 열지만, 어느 정도 지나면 자신들의 일상에 잦게 됨으로 자신의 편함을 이해해주길 바람으로써 대화가 마음의 문을 열지 않게 되는 것이다.

따라서 상대방을 이해하려는 마음이 없는 상태에서 이루어지는 대화는 오해를 가져오기 쉽기 때문에 대화를 하지 않는 것이 좋다. 상대방의 다른 부분에 대해서 이해하지 않고 나의 주장만을 편다면 그것은 갈등을 불러일으키게 되고 결국에는 오해가 되어 씻지 못할 전쟁이 되기고 하고 원하는 결과와는 정반대의 결과가 되기도 한다. 오해 때문에 사랑하는 사람과의 이별이 수도 없이 발생하여 사람들을 평생 애태우게도 하였다.

05
대화의 달인은 만들어 진다.

사람들은 말이나 대화를 잘하는 사람을 보면 "저 사람은 원래부터 그랬을거야.", 또는 "저 사람은 태어날 때부터 말을 잘했을거야" 라는 착각을 가지고 있다. 그러나 이러한 생각은 정말 착각이라는 사실을 알려주는 사례가 있다.

영국인들에게 가장 존경하는 사람을 들라면 아마도 처칠을 꼽을 것이다. 처칠은 해가 지지 않는 대영제국이라는 생각에서 세상의 종주국이라는 거만함 속에 있던 영국에게 커다란 시련을 안겨준 제2차 세계대전을 성공적으로 이끈 수상이었다. 처칠은 전쟁을 승리로 이끈 수상이라는 수식어 뒤에 더욱 놀라운 사실은 노벨 문학상을 수상하였다는 사실과 명연설가 였다. 그러나 처칠은 태어날 때부터 말을 잘하는 사람이 아니라 정말 말을 못해서 문제가 되었던 사람이었다.

처칠은 할아버지가 아일랜드 총독으로 근무함에 따라 아버지 말버러 공작 7세가 비서로 근무하는 바람에 아일랜드에서 어린 시절을 보냈다. 아버지 말버러 공작 7세는 재무장관 및 하원의 보수당 당수를 역임하였으며, 어머니는 뉴욕 타임즈의 최대 주주 이자 미국의 부호로 꼽혔던 제롬가의 딸 사이에서 태어났다. 이러한 윈스턴 처칠은 남들이 보기에는 부유한 가정에서 탄탄대로의 인생을 걸었을 것 같이 보인다.

그러나 그는 두 달 일찍 태어난 조산아로서 지능발달이 늦어 학교생활에 적응하지 못하고 장난감 병정 놀이에 여념이 없는 어린 시절을 보냈다. 그의 아버지는 항상 처칠을 가문의 수치로 여겼고 이는 어린 처칠에게 많은 상처를 주었다. 그의 아버지가 정신착란이 시작된 이후로는 처칠에게 더욱더 심한 폭언을 서슴지 않았고 결국 아버지와 최악의 관계로 치달았을 때 그의 아버지는 숨을 거둔다. 부유한 미국인이었던 그의 어머니 또한 어린 처칠을 돌보기 보다는 자신만의 쾌락을 추구하여 좋지 못한 소문을 몰고 다녔다.

게다가 8삭동이로 태어난 처칠은 태어날 때부터 몹시 병약하여 어린 시절에는 거의 모든 병을 달고 다녔으며 열 한살때는 죽음의 문턱까지 다녀왔다. 결국 그는 숨을 거두는 순간까지 여러 가지 병마의 그림자에서 한 순간도 벗어나지 못했다. 체격 역시 왜소하기 그지 없었는데, 키는 167cm에 불과했으며, 가슴둘레도 겨우 79cm였기에 그의 체격적 왜소함은 그에게 크나큰 콤플렉스를 가져다주었다. 무엇보다 놀라운 것은 이 시대의 가장 위대한 연설가로 인정받고 있는 그는 혀가 짧았으며, 몇몇 발음들을 발음하지 못했고 말더듬증도 갖고 있었다. 또한 그는 학창 시절에 학업 성적이 거의 꼴찌였다. 성적이 나빠 대학진학을 못했으며 육군사관학교를 지원했지만 두 번 떨어졌으며 세 번째에야 겨우 합격하였다. 또한 그는 선거전에서 가장 많은 패배를 경험한 정치인으로 기록되어 있다.

그러나 그는 인생을 쉽사리 포기하지 않았다. 그는 짧은 혀로 인하여 발음이 안되는 단어를 걸을 때마다 항상 연습했으며, 수많은 책을 읽으면서 주옥같은 문장들을 외워 대화에 사용하였으며, 무대공포증을 없애기 위해 웅변 기술을 끊임없이 연습했다. 즉석에서 말하는 것이 서툴렀던 그는 명연설들의 원고를 미리 써서 암기하였다. 그는 군에 입대하면서 체력 훈련에 몰두하여 신체적인 허약함을 이겨내려 했으며, 학문에 대한 열등감은 하루 다섯 시간이 넘는 독서와 연구를 통해 자신만의 지식 체계를 이끌어내었다.

그는 자신의 소심한 성격을 이기기 위해 전쟁에 참가해서는 가장 치열한 전투에 자진해서 몸을 던졌다. 그는 제1차 세계대전에서는 해군장관에 임명되어, 영국해군을 이끌고 세계대전에 참전하여 막중한 과업을 달성할 수 있었다. 제2차 세계대전에서 나찌의 위협 아래서도 전 영국인들의 역량을 결집하여 영국을 지켜낼 수 있었다.

그는 이러한 삶의 자세로 영국에서 두 번이나 수상을 지낸 정치가이자 웅변가로 명성을 날렸으며, 바쁜 정치생활 속에서도 많은 강연과 20여권이나 되는 훌륭한 저서를 집필하여 노벨문학상을 수상했으며, 금세기 최초로 왕족 이외에 '국장'으로 장례를 치룬, 지금까지도 '가장 위대한 영국인'으로 불렸다. 그가 이처럼 험난하고 불행했던 어린 시절을 극복하고 영국을 대표하는 대정치가가 되고 전세계 사람들에게 존경을 받을 수 있었던 것은 자신의 약점과 모자람을 극복하려고 끊임없이 노력했기 때문이다.

처칠의 경우에서 보듯이 말이나 대화를 잘하는 것은 원래 태어날 때부터 가지고 나오는 것이 아니라 결국은 본인의 엄청난 노력의 결과라는 것을 알 수 있다. 당신도 말을 잘하고 싶다면 노력해보라. 하루에 한 번씩이라도 대화요령을 연습한다면 당신은 1달 뒤에는 몰라볼 정도로 변화되어 있다는 것을 발견하게 될 것이다.

06

환경과 노력속에서 말의 능력은 성장할 수 있다.

사람이 혼자만 세상을 살아가야 한다면 대화는 필요가 없을 것이다. 그러나 사람은 사회적동물이기 때문에 사람과의 관계없이는 살 수가 없다. 따라서 사람과의 대화는 피할 수 없는 것이다. 말을 잘하기 위해서는 많은 대화의 경험을 가져야 한다.

대화를 하면서 말을 잘하던 사람도 말을 하지 않는 기간이 길어지면 길어질수록 말을 잘하는 능력을 상실하게 된다. 사람이면 모두 다 말을 할 수 있을 것 같지만 사람도 말을 하지 않는 환경에 오래 동안 놓여 지면 결국은 말을 잃어버리게 된다.

1920년 12월 인도에서 신그라는 사람이 가축을 잡아먹던 호랑이를 사냥하러 갔다가 동굴 속에서 늑대 새끼 무리를 발견하게 되었다. 신그라는 늑대 새끼 가운데 끼여있던 여자 아이 둘을 발견하였다. 그 여자아이들은 7, 8세로 보였지만 여자아이들은 원숭이의 울음소리를 내며 네 발로 기어 다녔으며, 마치 늑대 새끼인양 신그라를 물려고 했다. 신그라는 놀라서 그 아이들을 자신이 운영하던 고아원으로 데리고 와 아말라와 카말라라는 이름을 지어주고 인간과 같이 생활하기 위하여 훈련을 시켰다.

　그 후 잘 자라 줄 것으로 믿었던 아이들은 급격한 환경변화에 적응하지 못하고 아말라는 소녀는 곧 사망하였다. 카말라는 그 후 두발로 걷는 연습을 하며 인간의 옷을 입는 등 꽤 적응된 모습을 보여주었으나 1929년 17살 정도의 나이에 사망하게 되었다. 아이의 정체에 대해서 인도 경찰국은 조사를 해 보았으나 결국 밝혀내지 못하였다고 한다.

　위의 예를 보아서 알듯이 사람이라고 다 말을 하는 것이 아니라 자라난 환경에 따라서 말을 못할 수도 있다는 것이다.
　사람이 말이나 언어는 사회 속에서 생활하기 때문에 그 사회의 문화에 의하여 습득한 기능이라고 할 수 있다. 특히 말이나 대화는 사람사이에서 부대끼며 배워가는 것이다. 그러나 무작정 대화의 경험을 많이 갖는다고 대화력이 증가하는 것은 아니다. 매일 대화를 하면서도 대화능력의 변화가 생기지 않는 것은 주의를 집중해서 하지 않고 대화를 하거나 대충하기 때문이다. 따라서 대화를 잘하려면 대화를 잘하는 사람들과의 대화를 통해 상대방의 장점을 배우고, 나의 단점을 줄여가려는 노력을 하면서 대화를 하면 그것이 바로 대화의 달인이 되는 것이다. 이런 사람이야 말로 사회가 원하는 사람이며, 인간관계를 잘 맺고 사람이 몰리는 사람이 된다. 결국 대화능력이 향상해 가는 것이 인간의 성장이라고 할 수 있다.

어떤 목적을 지니고 말을 할 것인가?

● 정보를 나눈다.

대화의 가장 중요한 기능이 바로 화자와 상대방간의 생각과 정보의 교환에 의한 정보 획득의 기능이다. 정보나 생각을 교환하는데 대화만큼 좋은 도구가 없을 뿐 더러 대화를 하기 전에 정보나 생각을 정확히 알지 못하고서는 대화가 제대로 이루어질 수 없기 때문이다.

대화를 의미있는 대화로 만들려면 자료를 정보로 변환시키는 능력이 높아야 한다. 널려있는 자료를 유용한 정보로 변화하여 대화하는 방법은 다음과 같다.

첫째, 대화중에 주어진 문제를 해결하는데 도움이 될 수 있는 자료를 선택하여 관련이 없는 부적절한 자료를 제거하여 대화에 활용하는 방법이다. 즉 좋은 정보를 나누는 대화가 되기 위해서는 정보를 필요한 것만 추출해서 유효적절하게 구성을 잘해야 한다.

둘째는 여러 곳에 산재해 있는 자료를 보다 유용하게 사용하기 위해서 종합하거나 요약하여 사용하는 것이다. 즉 대화 중 상대방이 자료를 정확하게 인식하게 위해서는 자료를 종합하거나 요약을 잘해야 한다.

셋째는 대화 결과를 오도할 수 있는 예외사항에 초점을 맞추고 그것이 의미하는 바를 설명하거나 이해하기 쉬운 형태로 바꾸어 표현하는 것이다. 즉 상대방이 오해하지 않고 이해를 정확히 하기 위해서 정확하게 설명하거나 쉽게 이해되도록 해야 한다.

결국 대화에서 정보의 제공 및 획득은 가장 기본적인 것이며, 서로에게 도움이 되어야 한다. 그러나 대화를 통해 주고 받는 정보는 화자와 상대방에게 공통적으로 생각과 정보의 교환 및 획득기능을 수행하지만 화자와 상대방에 따라서 정보의 수준에 차이가 생기기도 한다.

대화를 통한 정보의 제공에 있어서 화자는 상대방의 환경에 대한 배려가 많을수록 대화가 효과적으로 이끌어 질 수 있다. 먼저 상대방의 마음의 문을 열고, 상대방이 가지고 있는 정보를 진술하게 이끌어 내야 한다. 즉 상대방의 학력, 경제적 배경, 지식의 보유량 등에 따라서 화자는 그에 맞는 정보를 제공해야 하며, 정보 제공을 요구해야 한다. 만약 상대방의 개인적 배경을 무시한다면 화자가 제공하는 정보가 필요없는 정보가 되어 결국에는 대화 자체가 의미가 없어질 수 있다.

● 문제를 해결한다.

아무리 위대한 사람이라도 살아가면서 고민은 다 가지고 있다. 남들이 보면 대수롭지도 않은 고민으로부터 죽고 사는 문제까지 고민은 다양하다. 사람들은 항상 자기가 가진 문제가 제일 크고 내 괴로움이 제일 크다고 생각한다. 때로는 남들로 부터는 부러움의 대상이 될 정도로 행복하다고 생각하는 사람도, 개인적으로 고민을 가지고 있다. 남들이 보면 대수롭지 않은 문제도 본인에게는 깊은 고민에 빠지게 만들기도 한다. 하지만 우리가 그 문제를 해결할 수 없는 이유는 그것을 정면으로 부딪혀 문제를 해결하려하기 보다는 회피하거나 다른 사람의 도움으로 해결하려는 성향이 강하면서 부터이다. 그래서 사람들은 이러한 고민을 혼자 가지고 살기 보다는 사람들과의 대화를 통해 위로받고 싶고, 해결책을 찾고 싶어 한다.

사람들은 대화를 통해서 도움을 필요로 하는 사람과 도움을 줄 수 있는 사람 사이에 마음을 주고받으며 자신이 원하는 문제를 해결해 가거나 마음적인 위안을 얻게 된다. 문제를 해결해 나가는 데는 어떤 원칙이 있는 것은 아니다. 또한 대화 자체가 개인적인 특성을 바탕으로 두고 있기 때문에 정형화된 방법이 있는 것도 아니다.

그러나 대화를 요구하는 사람의 고민을 듣고 대화를 통해 문제를 해결하기 위해서는 먼저 공감대를 형성해야 한다. 처음 만난 사람이라면 상대방의 신상에 대하여 스스로 이야기 할 수 있도록 자연스럽게 말문을 열게 한다. 그리고 고민이 무엇인지 들어본다. 이 단계에서 잘 듣지 않으면, 화자가 말하는 사실을 왜곡하여 들을 가능성이 생길 수 있으므로 진지하게 들어야 한다.

이 단계에서 화자는 상대방의 감정 표현을 촉진시키고 제시된 문제를 구체적으로 정의할 수 있도록 대화를 유도해야 한다. 아울러 그 문제에 엉킨 상대방의 감정 및 생각을 탐색하고 정리할 수 있게 한다. 그러나 문제가 무엇인지 파악하는 것은 그리 쉽지 않다. 상대방은 자신의 이야기를 하면서도 자신의 문제가 무엇인지 파악 못한다. 따라서 화자는 상대방의 대화 속에서 문제가 무엇인지, 그가 속한 신체적, 물리적 환경은 어떠한지, 상대방의 심리, 지적·기능적 발달수준, 대인관계 수준은 어느 정도인지, 가족 및 기타 환경은 어떤지, 상대방의 대화에 대한 기대와 동기는 어느 정도인지를 정확히 알아야 명쾌한 대화가 이루어 질 수 있다.

그리고 문제를 파악했다면 문제를 해결하는 방법을 알려준다. 그러나 상대방 중심으로 대화하며 해결책을 제시하는 것은 피하는 것이 좋다. 왜냐하면 상대방의 문제는 하루 이틀에 생겨난 것이 아니고 그의 삶 속에서 단련된 사고방식이나 행동 형태이기 때문에 화자의 대화가 쉽게 받아들여질 수 없기 때문이다.

그러나 상대방의 문제가 화자로서는 이미 해결할 수 없을 경우나 다른 감정적인 문제로 대화를 지속할 수 없는 경우, 다른 사람에게 의뢰하거나 다른 전문인에게 의뢰하여 대화를 정리하는 것도 한 방법이 된다.

● 감정전달에 사용한다.

　대화는 화자와 상대방이 서로 자신의 감정을 전달하는데 유용하게 사용되어 진다. 특히 상대방을 설득하거나, 좌절한 상대방에게 용기와 희망을 주거나, 상대방과의 관계를 더욱 돈독하게 유지하거나, 분열과 불화를 뛰어넘어 단합과 친목을 도모하는 것도 대화를 통해서 가능하다. 그러므로 대화는 상대방의 감정을 알게 해줌으로써 사람들의 삶을 풍성하고 아름답게 만들어 준다, 특히 자신의 감정전달은 상대방과의 관계에 있어 활력소가 될 수 있도록 해준다.

　그러나 감정전달은 아무 것이나 하는 것이 아니라 상대방에게 부담이 되지 않는 선에서 감정을 전달해야 한다. 상대방의 상황이나 좋아하는지 좋아하지 않는지를 고려하지 않고 너무 솔직한 감정전달을 하게 되면 상대방은 곤란해 질 수 있다. 예를 들어 상대방이 좋은 감정을 가지고 있지도 않은데 사랑한다는 표현은 오히려 감정 전달을 잘못하게 되어 역효과를 가져오게 한다.

● 좋은 인간관계를 만들어 준다.

　사회생활은 인간관계의 시작이다. 사람 사는 세상을 인간(人間)이라 한 것은 사람들 사이에 적당한 거리가 있음을 의미한다. 그 거리가 멀고 가까운 정도에 따라 소원하고 친밀한 관계가 형성된다. 우리는 그런 관계를 인간관계 또는 인맥이라 하고 서양 사람들은 휴먼 릴레이션(human relation)이라고 한다. 인간관계가 개인이 지닌 능력 이상의 힘을 발휘하여 세상살이의 성패를 좌우할 때가 많다.

미국 카네기 멜론 대학에서 흥미로운 조사결과를 발표한 적이 있다. 사회적으로 성공한 사람들 10,000명을 대상으로 성공의 비결을 물어보았다. 그런데 종래의 성공조건이라 믿어왔던 지적능력이나 재능이 성공에 미치는 영향은 불과 15%에 지나지 않았으며, 나머지 85%의 성공요인은 바로 인간관계였다는 것이다. 조사 결과를 정리하면 아무리 지적능력과 재능이 뛰어나다 하더라도 인간관계에 대한 능력이 부족하면 성공을 이루기가 어렵다는 결론을 얻을 수 있다.

직장동료들과의 원만한 관계를 맺지 못하고, 따돌림을 당하는 직장인들은 사회성의 부족이 큰 원인이라 할 수 있다. 통상적으로 인간관계가 좋은 사람을 사회성이 좋다고 하며 사회활동, 집단활동을 즐기며 친구가 많고, 협동적이며, 인정이 많고, 남과 의견이 잘 맞으며, 충돌이 적은 특성을 가지고 있다고 본다. 반면에 사회성이 좋지 않으면 사회활동을 기피하고, 수줍어하고 고독을 일삼는 특성을 가지고 있다.

사회성이 부족하여 인간관계를 맺는데 어려움이 많은 사람은 대화를 통해서 자신에 대한 정확한 인간관계 습관을 분석 하고, 자신의 대화가 상대방과 인간관계를 맺는데 무엇이 장점이고 무엇이 단점인지를 파악한다. 그에 따라 장점은 살리고 단점은 줄여서 좋은 인간관계를 맺을 수 있도록 노력해야 한다. 결국 대화는 좋은 인간관계를 맺는 방법을 배워 사회성 좋은 사람으로 생활할 수 있게 해준다.

● 즐거움을 준다.

유머는 통하여 대화의 분위기를 즐거운 분위기를 조성하고 상대방을 유쾌하게 만들 수 있다. 아무리 언변이 좋은 사람이라고 해도 한 순간 사람의 마음을 열어 줄 수 있는 웃음의 마력을 가지고 있는 유머의 힘을 알지 못한다면 그 사람의 말은 그저 공허하나 울림이거나 딱딱한 경구에 지나지 않을 것이다. 그만큼 대화속의 유머는 성공하는 사람들의 필수 조건이라고 할 수 있으며 대인관계를 원만하게 이끄는 윤활유가 된다.

유머라는 것은 기본적으로 사람들로 하여금 웃음을 자아내게 하고, 그런 편안한 상태에서 대화할 때 서로 친밀감을 느낀다. 유머는 또한 사람들과의 관계를 돈독하게 해줄 뿐만 아니라 긍정적인 사고를 하게하는 구심점을 이룬다.

요즘 소위 잘나간다고 하는 강사들을 보면 한결같이 '웃기는' 강사들이 많다는 것이다. 정덕희 교수만이 아니라 웃기는 강사의 선구자격인 연세대 의대 황수관 교수를 비롯해 전 고려대 철학과 교수 김용옥씨, 국악인 김준호씨, 연세대 교육학과 이성호 교수 등도 '웃음 명강사'의

반열에 올라 있다. 웃음의 강도와 방법에는 조금씩 차이가 있지만 모두 재미있는 강의로 인기를 모으고 있는 점에서 닮은꼴이다. 근엄한 표정과 딱딱한 어조로 자신의 전문 분야를 강의하는 사람은 이제 설자리가 없어 진 듯하다.

　웃음 명강사들이 인기를 끌고 있는 비결은 말할 것도 없이 각자 특유의 유머에 있다. 전문가들은 유머의 요소로 말투, 표정, 몸짓 따위를 든다.
　유머는 마음을 즐겁게 하거나 웃음을 일으키는 의사소통. 익살·농담·해학이라고도 한다. 본래, 고대 그리스 이후 서유럽의 고전 의학 용어로서 체액(體液)을 뜻하는 후모르(humor)라는 라틴어에서 유래되었다. 사람이 모이는 인기있는 사람들을 보면 전부 나름대로 독특한 캐릭터를 가지고 대화를 재미있게 하는 사람들이 많다는 것을 알 수 있다. 이들은 대화 도중 독특한 억양이나, 몸짓, 유머를 통해 상대방에게 즐거움을 준다. 심지어는 대화 내내 생글생글하고 익살이나 개그가 넘쳐흐른다. 그러나 유머가 긴장감을 해소시키고 분위기를 집중하는데 큰 효과를 발휘하기는 하지만 너무 많은 유머를 남발하거나 웃기려고만 하면 대화의 질을 떨어뜨리거나 상대방에게 불쾌감을 줄 수 있다.

08
나의 대화능력 진단표

대화는 나이, 직위, 학력, 연령, 부, 성별에 상관없이 누구에게나 필요한 인간관계의 필수요소이다. 인간관계 뿐 아니라, 계약, 학습에서도 대화는 매우 중요한 역할을 한다. 또한 부부관계와 가정생활에 있어서도 매우 중요한 요소이다.

대화를 잘하기 위해서는 대화 훈련을 해야 하는데, 그러기 위해서는 나의 대화 능력이 어느 정도인지 먼저 알아야 한다. 그래야 어느 부분이 약한지를 파악해 정확한 훈련 목표를 잡을 수가 있음은 두 말할 필요가 없다. 아직 표준화된 진단 질문은 없기에 학자들마다 조금씩 다른 견해를 보이고 있는 것이 사실이지만 맥락은 비슷하다고 볼 수 있다. 다만 대상에 따라 질문의 내용이 조금씩 다를 수 있다.

대화는 얼마든지 향상 시킬 수 있는 역량이며, 실제적인 방법이다. 또한 대화는 사람이 사는 모든 영역에서 필요한 능력이다. 인간관계나 학습에서의 내적인 자각이 있거나 외부로부터의 대화의 필요성이 인식될 수도 있다. 대화 능력을 향상시키기 위해서는 대화의 방법을 배우고 실제로 생활에서 연습해 보아야 한다. 역할극이나 상황극을 통해 연습할 수도 있고, 주제를 두고 대화하면서 피드백을 통해 할 수도 있다. 그 중에서 가장 우선적인 것은 자기 스스로의 대화 능력 자가 진단이다.

대화 능력 평가	5	4	3	2	1
1. 나는 대화를 시작하기 전에 무슨 말부터 할 것인지를 결정하고 한다.					
2. 나는 상대의 말을 한번 들을 때, 정확하게 이해하는 편이다.					
3. 나는 말을 할 때 정확히하는 편이다.					
4. 나는 들을 때 핵심내용을 파악하려고 애를 쓴다.					
5. 나는 상대의 얘기를 들을 때는 귀 기울여 듣는 편이다.					
6. 의견이 맞지 않으면 상대방의 말 뜻을 먼저 파악하려고 애쓴다.					
7. 나는 상대방의 말을 끝까지 듣고 대답한다.					
8. 상대의 속사정을 잘 이해하는 편이다.					
9. 상대의 이야기 중에 틀린 부분을 대체로 지적하지 않는 편이다.					
10. 다음 말을 잇기 위해 신중히 생각한다.					
11. 나는 대화할 때 상대방의 눈을 쳐다보며 대화한다.					
12. 내가 잘 이해할 수 없는 말에는 자세히 이야기해 달라고 요청한다.					
13. 내가 하고 싶은 얘기보다 상대방이 하고 싶은 이야기에 더 귀 기울인다.					
14. 상대가 하는 말이 잘 아는 내용이라도 끝까지 잘 듣는다.					
15. 나는 대화와 관련이 없는 말이라고 생각할지라도, 상대의 말에 초점을 잃지 않는다.					
16. 나는 상대가 말을 마치기 전에 그가 무엇에 관심을 갖고 있는지 예상한다.					
17. 만일 내가 상대에게 그가 말한 것을 다시 하거나 분명하게 해줄 것을 요청한다면, 그것은 내가 제대로 대화하지 않았다는 것을 보여주는 것이다.					
18. 나는 상대와 잘 통하기 때문에 종종 상대의 말을 내가 대신 마무리 지어준다.					
19. 나는 상대가 말하려고 하는 것을 이미 알고 있다면, 대화의 신속한 진행을 위해 말을 중단시킨다.					
20. 나는 상대가 나의 의견과 반대되는 정보를 제시해도 계속 대화할 수 있다.					

대화 능력이 되지 않으면, 자신의 말을 정리하는 것조차 힘든 게 사실이다. 이런 사람들은 좋은 선생님과 비싼 대화 컨설팅보다는 먼저 체계적인 대화 훈련을 통해 마음의 자세와 기본적인 듣기 연습을 먼저 해야만 한다.

대화는 서로 다른 습관과 생각을 가진 타인끼리 만나서 서로의 마음을 이해하고 배려한다는 것은 그리 쉬운 일이 아니다. 그렇기 때문에 많은 이들이 사랑하는 사이임에도 불구하고 다툼이 발생한다. 너무 가깝기 때문에 오히려 소홀하거나 내 생각을 강요하는 경우가 많다. 대화가 내면화되고 습관화된다면 서로의 말과 마음에 귀 기울이게 되어 마찰을 피하는 것은 물론 이해의 폭이 넓어져 보다 성숙한 관계가 될 수 있을 것이다. 그러기 위해서는 경청에 대한 능력은 어떠한지 스스로 질문해 보고 점검해야 한다.

09
소통시 나의 대화점검표

커뮤니케이션은 원래 타인과의 대화를 상호작용을 바탕으로 이루어지는 것이 기본이다. 그러나 가끔은 자신과도 대화를 하는데 이처럼 자신과의 대화를 셀프 커뮤니케이션이라고 한다. 셀프 커뮤니케이션은 끊임없는 학습과 성장을 위한 자극제가 될 뿐만 아니라 자신을 성찰할 수 있는 기회를 준다.

건강보조식품, 껌, 박하사탕 생산하는 제약회사 '워너램버트'의 CEO인 로드워 J.R. 드 빙크는 자신의 성공비결을 묻는 다른 사람들에게 항상 자신과의 대화에서 성공이 시작되었다고 한다. 그는 일을 하는 도중에 "나는 지금 어디쯤 가고 있는가?", "내가 살고 싶은 길은 무엇인가?" 그리고 "내가 올바로 가고 있는가?"라는 질문은 본인에게 자주하였다고 한다. 그리고 매일 퇴근길에는 나는 "오늘 무슨 일을 했는가?" 그리고 "어떻게 하면 좀 더 잘할 수 있을까?"라고 나 자신에게 물었으며, 그에 대한 답을 구해서 실천하였기 때문에 성공하였다고 한다.

일반적으로 사람들은 누구나 자신의 인생과 직업에 대하여 자신에게 질문을 하고 대화를 한다. 다 같이 자신과의 질문과 대화를 하지만 누구나 원하는 목표에 도달하거나 성공하는 것은 아니다. 그것은 어떤 사람들은 대화를 묻고 거기에 대한 답을 내리지 않는 경우가 있는 반면에 어떤 사람들은 자신의 질문에 대하여 답을 규명하려는 노력을 한다. 전자의 경우는 대부분이 평범한 생활을 하는 사람들이고, 후자의 경우는 대부분 진취적이거나 성공한 사람들의 경우이다.

이처럼 셀프 커뮤니케이션은 자신의 인생이나 직업 또는 달성하려는 목표를 효과적으로 달성하기 위하여 하는 자신과의 대화로서 셀프 커뮤니케이션을 잘할수록 성공에 이르기가 쉽다는 것을 알 수 있다.

　대화를 잘하는 사람들의 특징을 봐도 상대방과의 대화가 이루어지기 전에 자신과의 커뮤니케이션을 많이 할수록 대화를 잘한다. 자신과의 대화를 잘하는 사람을 보면 생각이 깊을 뿐만 아니라 말도 신중하게 한다. 무슨 말이던지 하기 전에 자신에 먼저 물어 보고 이런 대화가 상대방에게 어떤 영향을 미칠 것인가를 고려하여 대화를 하기 때문이다. 결국 대화를 잘하는 사람일수록 셀프 커뮤니케이션을 잘한다.

　대화를 잘하기 위한 셀프 커뮤니케이션은 다음과 같다. 대화를 잘하려면 대화하는 도중에 스스로에게 다음과 같은 질문을 던져 보면 확실히 효과가 있다.

　상대방의 대화는 어떤 의도에서 말하고 있는 걸까?
　상대방은 나의 대화에 대하여 동의하고 있는 걸까?
　상대방과 대화를 하는 목적은 무엇일까?
　상대방을 어떻게 하면 편안하게 대화하게 할 수 있는가?
　상대방이 나를 받아들이는데 장애물은 무엇일까?
　상대방의 대화에서 내가 동의하고 있는 것은 무엇일까?
　상대방의 대화가 나의 대화의도를 정확히 이해하고 있는 걸까?

상대방이 내가 했으면 좋아하는 말들은 무엇일까?

상대방의 대화에서 내가 아는 것과 모르는 것은 무엇일까?

상대방의 대화에서 내가 알아야 하는 것은 무엇일까?

상대방에게 신뢰감을 얻으려면 어떻게 말을 시작해야 할까?

상대방이 내가 원하는 목표에 도달하게 하려면 어떻게 해야 할까?

상대방이 나의 말에 동조하게 하려면 어떻게 말을 해야 할까?

상대방에게 내가 하는 말이 부담은 되지 않을까?

내가 원하는 방향으로 대화가 진행되고 있을까?

내가 대화를 끝냈을 때 어떤 결과가 나올까?

이상과 같은 질문들을 대화 도중에 자신에게 묻고 준비하면서 대화를 한다면 자연스럽게 대화의 달인이 될 것이다.

10

비언어메세지, 대화의 의미도 여기에서 찾아라

모기업의 화상 전화기 광고를 보면 여러 출연자들이 나와 똑같이 '사랑해'라는 말을 하지만 얼굴을 보지 않고 목소리로 들으면 다 똑 같은 내용이지만 화상 전화기를 통해 보면 사람마다 다른 의미가 내포되어 있음을 알 수 있었다.

그 광고에서 7명의 남녀노소가 사랑해~! 라고 말하지만 그들의 속마음은 각각 다르게 표현되었다.

20대 여자가 쪽~! 소리를 내면서 말하는 "사랑해!"는 "보고 싶어"의 의미였으며,

심각하게 목소리를 내리 깐 20대 청년의 "사랑해!"는, "오빠 못 믿니?"라는 의미였으며,

턱을 치켜 든 아내의 협박하는 듯한 목소리로 하는 "사랑해!"는, "바람피면 죽는다"의 의미였으며,

입이 찢어지게 웃는 젊은이가 말하는 "사랑해!"는 "여보 나 취직했어~"의 의미였으며,

중년의 아저씨가 눈치를 보면서 말하는 "사랑해!"는 "여보 돈 좀 줘"라는 의미였으며,

연세 지긋한 할아버지가 말하는 "사랑해!"는 "죽을 때까지 같이 있어 줘"라는 의미였으며,

눈물을 머금은 여인의 슬픈 목소리 "사랑해!"는, "가, 아니, 가지마"라는 복합적인 뜻을 담고 있었다.

저자도 광고를 보기 전까지 '사랑해'라는 단어의 의미가 몇가지로 사용된다는 사실에는 공감을 했지만 이처럼 사랑한다는 말의 숨은 뜻이 다양하다는 사실에 많은 것을 배웠다. 우리는 가끔 사람이 말한 '언어'에 대해서만 이해하려고 했지 그 언어에 담긴 내면적인 의미를 많이 간과하고 살고 있다.

우리가 대화를 잘하려면 대화하는 상대방의 표정과 상황을 고려해서 대화를 해야 한다는 사실을 이 광고를 통해서 알 수 있었다. 말은 같은 말이지만 말하는 사람의 표정에 따라 매우 다른 의미가 있기도 하고 때로는 정반대의 의미가 있다는 사실에 주의를 하여야 한다. 그리고 많은 사람들이 자기의 속마음을 숨긴 채 말하는 경우도 많다는 사실에 주의를 해야 한다.

따라서 대화를 잘하기 위해서는 언어로 표현된 말에는 다양한 내용을 내포하고 있다는 생각을 가지고 상대방의 의도가 무엇인지, 언어에 내포된 의미가 무엇인지를 빨리 찾아내서 정확히 답변을 해야 한다. 상대방의 의중을 정확히 파악하면 상대방이 원하는 대화를 할 수 있지만, 만약 상대방이 표현한 언의의 정확한 의미를 파악하지 못한다면 대화 내내 상대방의 마음을 여는 대화를 하기 어려울 뿐만 아니라 혼자 이야기하는 것과 같다고 할 수 있다. 결국 상대방의 의도를 파악하지 못하는 대화를 한다면 대화를 잘못하게 되어 상대방은 마음의 문을 닫아 버리거나 원하는 결과를 얻기가 어려울 것이다.

이처럼 상대방이 표현한 대화의 내면을 정확히 파악하는데 도움이 되는 것이 바로 상대방의 비언어작인 행위를 분석하는 것이다. 비언어적 행위는 언어 외에 모든 물리적 방법의 커뮤니케이션으로 보디랭귀지라고도 한다. 보디랭귀지를 우리 말로 하면 '몸말'인데, 세분화하면 태도 자세 제스처 표정 시선 등으로 나눌 수 있다. 비언어적 행위는 화자가 이해, 수용, 간호하는데 있어서 상대방에게 반응하는 것이다. 그것은 듣기보다는 볼 수 있는 교류의 일부이다.

머리를 끄덕이는 것, 자리를 내어 주는 것, 주먹을 쥐는 것, 팔을 잡아주는 것, 손가락을 돌리는 것, 무겁게 숨쉬는 것, 식은땀을 흘리는 것 등이 모두 비언어적 행동형태이다. 언어적 커뮤니케이션은 선택적이다. 우리들은 말을 하거나 침묵하든지를 선택 한다. 우리는 수면 중일지라도 심리적, 정서적 상태를 반영하고 물리적 메시지를 계속적으로 보내고 있다. 비언어적 커뮤니케이션은 민감한 사람에게는 뜻 깊은 의미를 지니고 있다. 언어형성은 언제나 통제받고 있는 지적 과정이기 때문에 우리는 무엇에 대하여 말하고 있는지를 언제나 인식하고 있다. 그리고 우리가 생각하고 느끼는 것을 말하는 것은 언제나 사실대로 반영하는 것이 아니고 커뮤니케이션 하고자 하는 것의 상징인 것이다.

때때로 비언어적 메시지는 너무 강해서 언어를 능가할 수 있으므로 그것을 통제할 수가 없다. 이러한 행동을 우리가 인식할 때에 우리가 말하고자 하는 것을 교류하기 위하여 어떻게 비언어적인 것을 이용할 지를 확실히 모르고 있다. 비언어적 커뮤니케이션을 통제하는 방법이 없기 때문에 우리는 언어적 행위를 더욱 신뢰하는 경향이 있다.

비언어적 행위는 타인에 의해서 지각되고 해석되어진다. 비언어적, 언어적 행위가 혼돈되는 메시지를 보낸다면 수용자는 흔히 위장과 통제가 부족한 비언어적 행위에 더욱 중요시하게 된다.

따라서 화자는 상대방의 비언어적 반응 혹은 신체적 단서를 볼 수 있어야 한다. 언어적 비언어적 메시지는 존경과 이해를 반영한다. 언어적 비언어적 행위를 일치시키기 위하여 화자는 존경, 이해, 자기 노출을 나타내는 신체적 단서를 인식해야 한다. 다음과 같은 지침서가 있다.

● 눈은 더 많은 것을 말한다.

이야기를 시작하거나 끝낼 때, 당신이 말하거나 듣는 동안 상대와 눈을 맞추면, 어떤 자리, 어떤 경우 그리고 상대가 누구든 당신은 대화의 성공자가 될 수 있다. 대화 도중에 결코 허공이나 바닥을 보아서는 안된다. 그것은 바로 상대방에 대한 실례이며 대화를 단절하게 하는 원인이 된다. '눈은 입보다 더 많은 말을 하고 있다', '청춘남녀의 사랑은 눈의 교감으로부터 싹튼다'는 교훈을 명심해야 한다.

상대방이 말할 때에 직접 보는 것은 '화자를 이해하려고 하며 나는 듣고 있으니 나에게 말해주세요'하는 의미를 나타낸다. 그러나 눈 접촉은 자주하며 길게 하면 격려도 되지만 너무 지속적으로 눈을 빤히 바라보게 되면 상대방으로 하여금 불편하게 만든다. 그러므로 눈 접촉은 상대방을 존경하는 듯한 모습으로 더 많이 이해한다는 것을 도우며 즐거운 경험으로 생각한다.

● 얼굴 표정은 정서를 표현한다.

상대방은 말하는 사람의 얼굴표정에 대단히 민감하다. 우리는 자신의 감정을 나타낼 때 자신도 모르게 안면표정을 이용하기 때문에 이 단서는 대화할 때에 자신의 정서표현으로 나타나게 된다. 따라서 말하는 사람의 대화의 흐름과 상반되는 표정 표현은 상호작용에 둔감하게 하거나 상대방에게 불쾌한 느낌을 주므로 역효과를 내기 쉽다.

화자의 얼굴표정은 상대방의 언어적 비언어적 표현에 일치하는 것이 아니고 화자 자신의 언어적 표현에 일치해야 한다. '당신을 보니 기뻐요'하면서 이마를 찌푸린다거나 '당신은 지금 중요한 결정을 해야만 해요'하면서 미소를 지어서는 안된다.

화자의 얼굴표정이 대화의 내용과 관련이 없다고 느끼면 상대방은 화자가 아마도 어떤 갈등을 경험하고 있다고 느끼기 쉽다. 때로는 상대방이 말하는 것 때문에 화자가 어떤 강한 긴장감을 느끼고 있다고 생각할 수 있다. 화자의 반응이 상대방을 혼돈시킨다면 원하지 않는 결과를 가져오기 쉽다.

그러나 보편적으로는 대화를 할 때 화자가 짓는 표정은 웃는 얼굴이 좋다. 특히 상대방에 대한 관심의 의사 표현은 말보다는 웃는 모습이 가장 효과적이다. 방긋 웃음은 일단 상대방의 긴장을 풀고 호감을 주고 대화하고 싶은 마음으로 유도한다.

● 자세가 마음을 열게 한다.

자세는 대화에 있어서 상대방의 이해와 존경하는 마음을 교류하는 데 사용된다. 상대방에게 성실한 모습으로 관심을 표현하는 자세를 가지려면 상대방에게 머리는 약간 앞으로 기울게 하고 상체는 앞으로 향하게 한다. 그러면 "당신이 무슨 의미를 표현하든지 나는 수용할 준비가 되어 있다"는 자세가 된다. 그러나 허리를 뒤로 뻣뻣하게 세우면 건방진 느낌을 받을 수 있다. 또한 팔장을 끼거나 다리를 버티고 서거나 하여 폐쇄적 마음을 나타내는 자세는 피하는 것이 좋다.

화자는 대화 도중에 상대방이 무슨 말을 하는지에 대해 관심을 가질 뿐만 아니라 이해한다는 것을 상대방에게 전달하도록 노력해야 한다. 따라서 상대방이 대화를 하는 도중에 적당하게 끄덕거리는 움직임과 자세는 상대방을 격려하고 대화에 주의를 기울인다는 것을 알도록 한다.

상대방과 대면하여 앉을 때는 직각으로 앉지 말고 직각방향으로 앉거나 조금 비스듬하게 앉는 것이 상대방에 대한 관심과 존경심을 표현하는 자세가 된다. 앉을 때의 자세는 의자에 상체를 기대는 것보다는 조금 앞으로 상체를 기울이며 앉는 것이 부드러운 분위기를 만들어 낸다.

또한 두손은 무릎 위에 가지런히 놓고, 상대에게 집중하는 자세는 열린 마음을 나타낸다.

상대방과 마주앉아 이야기하는데 상체를 뒤로 기대어 앉는 것은 '난 당신의 말에 관심이 없어' 당신의 말이 지루해'라는 거부의 의사 표현이 되기 쉽다. 따라서 자신이 앉은 의자를 테이블에 붙이고 상체를 약간 앞으로 내밀며 상대를 대하는 건 관심 있다는 의미이다.

상대방이 대화를 할 때 턱을 고이거나 팔짱을 끼고 말하는 것은 자신이 긴장하고 있거나 방어적인 태도로 대화를 듣고 있다는 것은 나타내는 것이 된다.

● 신체접촉은 대화를 촉진한다.

신체의 접촉은 화자와 상대방간의 좋은 관계를 조성하는데 중요한 방법이다. 신체적 접촉은 언어보다 개방적 관계를 촉진시켜 주고 편안감을 준다. 따라서 처음 만나게 되면 악수를 통해서 신체의 접촉을 하는 것이 좋으며, 친숙한 사이라면 대화 도중에 화자의 손을 상대방의 머리, 어깨, 팔 등에 놓고 대화하면 상대방은 따뜻함, 불안감 해소, 긴장감소 등을 느끼며 힘을 부여하는 용기를 갖게 해주고 상호작용을 촉진시켜 준다. 그러나 친숙하지 못한 사이에 상대방의 신체에 손을 올리는 것은 오히려 역효과를 줄 수 있으므로 주의해서 해야 한다.

삶에 즐거움을 주는 좋은 글

가장 현명한 사람은
늘 배우려고 노력하는 사람이고,
가장 겸손한 사람은

개구리가 되어서도 올챙이적
시절을 잊지 않는 사람이다.
가장 넉넉한 사람은

자기한테 주어진 몫에 대하여
불평불만이 없는 사람이다.

가장 강한 사람은
타오르는 욕망을 스스로 자제
할 수 있는 사람이며

가장 겸손한 사람은
자신이 처한 현실에 대하여
감사하는 사람이고

가장 존경 받는 부자는
적시적소에 돈을 쓸 줄
아는 사람이다.

가장 건강한 사람은
늘 웃는 사람이며
가장 인간성이 좋은 사람은

남에게 피해를 주지 않고
살아가는 사람이다.

가장 현명한 사람은
놀 때는 세상 모든 것을

잊고 놀며 일 할 때는 오로지
일에만 전념하는 사람이다.

가장 좋은 스승은
제자에게 자신이 가진 지식을

아낌없이 주는 사람이고,

가장 훌륭한 자식은
부모님의 마음을 상하지
않게 하는 사람이다.

가장 좋은 인격은
자기 자신을 알고 겸손하게
처신하는 사람이고

가장 부지런한 사람은
늘 일하는 사람이며
가장 훌륭한 삶을 산 사람은

살아 있을 때보다
죽었을 때 이름이
빛나는 사람이다.

마음열기-대화법

이숙영 아나운서가 권하는 대화의 기술
1. 먼저 말하지 말고 들으라.
2. 눈을 마주치고 정성껏 귀를 기울이라.
3. 웃는 얼굴로 맞장구치라.
4. 겸손을 무기로 삼아 상대방의 마음을 열라.
5. 적절한 칭찬으로 상대방을 무장 해제시키라.
6. 나를 제물로 삼아 상대방을 웃기라.
7. 대화 중 모르는 것은 모른다고 하라.
8. 가까운 사이일수록 존중하라.
9. 중언부언하지 말고 요점만 말하라.
10. 책과 신문을 통해 다양한 목소리를 들으라.

01
편안한 것이 마음의 문을 열게 한다.

 말은 못해도 대화는 잘할 수 있다? 참 아이러니한 말이 아닐 수 없다. 어떻게 말을 못하는데 대화를 잘할 수 있을까? 그러나 실제로는 말은 잘못하면서도 사람들의 마음의 문을 열고 원하는 결과를 얻어 내는 사람들이 주변에는 많다. 특별히 말을 많이 하기 보다는 편안한 분위기에서 경청하는 기술이 뛰어나기 때문이다.

 KBS 제2 FM의 '우리들의 노래'를 시작으로 '6시 내고향' 등을 진행하였으며, 현재는 'TV는 사랑을 싣고' '아침마당' 등의 프로그램에서 깔끔한 진행과 정감 어린 목소리로 시청자들의 사랑을 한 몸에 모으고 있는 아나운서 이금희씨는 "나는 튀고 싶지 않다"라는 책을 쓸 정도로 편안한 분위기를 좋아한다. 일부에서는 촌스러운 아나운서라는 말도 하지만 그만큼 어느 누가 보아도 쉽게 만날 수 있는 편한 분위기를 가지고 있기 때문일 것이다.

 이금희씨는 말도 잘하지만 편안한 분위기를 가지고 있어서 그런지 남녀노소 골고루 누구에게나 호감을 준다. 그녀가 인터뷰 하는 모습을 보면 마치 그녀의 인터뷰는 상대방을 빨아들이는 스펀지를 연상케 한다. 초대 손님들은 하나같이 매체에 처음 출연하지만 이금희씨의 질문에 대하여 TV라는 매체를 인식하지 않고 아주 편안하게 대화가 이루진다.

그녀가 이처럼 사람들에게 편안하게 대화를 시키는 방법을 분석해 보면 상대의 말을 온몸으로 경청하는 듯한 표정과, 상대의 기쁜 감정, 슬픈 감정을 그대로 받아들여 공감하고 있다는 것을 나타내기 때문이다. 그녀는 출연자들의 상황이 어려운 분들이 출연하여 눈물을 흘리면 금세 이금희씨도 눈가가 젖어있는 것을 볼 수 있다. 이러한 모습에 출연자들은 더욱 자신을 알아주고 동감하는 이금희씨에게 누구나 마음을 다 터놓고 말하고 싶은 충동을 느끼고 자신의 이야기를 풀어가게 한다. 그녀만의 튀지 않는 화술이야말로 상대의 마음을 열게 만드는 최고의 가치를 지니고 있지만 여기에 내담되어 있는 최고의 화술은 듣는 기술이라고 해야 정답일 것이다.

02
내면의 힘으로 나만의 특징을 개발하라

편안한 분위기로 사람들의 대화를 이끄는 이금희씨와 상반되는 대화를 하는 여성으로는 단연 백지연씨를 따를 사람이 없다. 백지연씨는 보이는 것처럼 항상 깔끔하고 단정한 도시적 이미지처럼 똑똑 떨어지며 차갑게 느껴진다.

그녀는 언론계에서도 대단한 경력을 가지고 있다. 수습 5개월만의 9

시 뉴스 앵커, 9시 뉴스 최장수 기록, 최초 프리랜서 앵커. 개인의 이름을 타이틀로 건 최초의 뉴스 프로그램 등 '대한민국 앵커의 역사는 백지연 전과 후로 나뉜다'는 평가를 받고 있다. 또한 서울 모 대학의 여대생을 대상으로 조사한 가장 닮고 싶은 여성 1위로 그녀가 뽑힌 적이 있었다.

한국에서 여성 앵커의 위상을 확고히 정립하고 21세기 대한민국 커리어 우먼의 전진 방향을 새롭게 제시한 백지연씨는 카리스마나 포스 같은 단어가 가장 잘 어울리는 그녀지만, 그녀 자신의 대화 방법은 성실함을 키워드로 꼽는다.

앵커 백지연의 이미지하면 '차보인다', '냉철해 보인다'라는 느낌이 대표적이다. 방송활동을 할 당시에는 자신의 '차다'란 이미지를 대수롭지 않게 받아들였다. 하지만 앵커에서 교수로, 교수에서 사업가로 활동영역을 넓히면서 자신이 가진 이미지, '차다'에 대한 재점검이 불가피하게 느껴졌다. 이미지에 대한 재정립을 통해 그녀가 깨달은 것은 자신의 인생에 '차가움'에 더해 '따뜻함'까지 있었더라면 자신의 인생은 어떻게 변화하였을까 라는 것이었다.

새책 『나이스 포스』에서 그는 내면의 힘을 갖추어 자기 자신을 설득했다면 이제는 세상을 설득할 힘을 길러야 할 차례라고 역설하고 있다. 그에 더해 20여 년간 방송 및 인터뷰어로서 활동하며 깨달은 상대와 진심으로 소통하고 상대방을 이끌 수 있는 방법들을 털어놨다.

그녀는 이미지의 '차가움'을 보완할 수 있는 따뜻한 개념, 즉 'nice'를 통해 세상과 소통하고 세상에 나를 알릴 수 있는 힘을 길러보자고 제안한다. 저자가 제안하는 세상을 설득하고 세상에 나를 알릴 수 있는 힘은 스스로에 대한 재점검에서부터 시작된다. 상대를 설득하고 상대에게 자신을 알리기 위해선 진실된 소통이 필요한데, 사람과 사람 사이의 진정한 소통을 위해선 힘(force)만 있어서도 안되고 단순히 'nice'한 속성만 있어서도 안 된다. 표현은 부드러우면서(nice) 내재된 강력한 파워(force)가 있는 '세상이란 무대에 자기 자신의 위치를 포지셔닝 하는 힘'을 뜻하는 '나이스 포스(nice force)'가 필요하다는 것이다.

백지연은 세련된 외모에 걸맞는 세련된 목소리와 당당한 표정과 자세는 대화에서도 당당하게 함으로 인해서 사람들을 이끌고 따라오도록 하는데 충분하다고 한다.

03
솔직한 것이 마음의 문을 열게 한다.

SBS 파워 FM 아나운서 이숙영은 아침 방송만 20년을 했다. 그녀는 아침방송을 통해 출근하는 사람들의 가슴에 톡톡 튀는 재미로 사랑을 한 몸에 받았다. 그녀의 거침없는 말과 솔직한 감정표현은 당시의 여성 청취자들에게는 가히 파격적이었다. 톡톡 튀는 화술과 개성 넘치는 화술은 그녀를 성공한 여성의 대열로 올려놓기에 충분했다. 그녀의 장수 비결은 한결같이 솔직함을 들고 있다.

이번에 이숙영씨는 "맛있는 대화"라는 책을 통해서 그녀가 방송에서 직접 만난 유명인들의 바람직한 화법이나 다양한 분야의 사람들과 교류를 통해 깨닫게 된 내용을 엮어 만들었다. 그녀는 "일상에서 말을 많이 하지 않고 상대방의 이야기를 듣는 습관이 있다"며 "그것이 칼럼을 쓰거나 책을 짓는 데 큰 도움이 된다."고 말했다.

그가 권하는 대화의 비법 중에 첫 번째가 '말하기보다는 듣는 것을 먼저 하라'는 것이다. "내가 말을 하면 정보가 새는 것이지만, 상대방의 말을 들으면 정보를 얻는 것이잖아요. 상대방의 말을 귀기울여 들으며 적절히 맞장구를 쳐주면 대부분의 사람들은 속마음을 털어놓습니다." 그녀는 하나를 이야기했으면 둘을 듣고 셋을 맞장구치는 '1:2:3의 법칙'을 지켜야 한다고 한다." 실제로 본인이 방송을 하는 도중 자살하겠다는 사람을 만나 1:2:3의 법칙을 쓰므로 자살하려는 마음을 돌린 적이 있다고 한다. 경청을 잘하면 죽음도 면할 수 있다는 것을 의미한다. 둘째는 대화를 잘하기 위해서는 겸허한 태도로 자신을 낮추고 타인을 배려하는 태도가 몸에 배어야 한다고 강조했다. 상대방의 처지에서 생각하는 습관, 즉 '역지사지 감각'이 있는 사람들이 대화를 훌륭하게 이끌어간다는 것이다. 그렇게 상대방에게만 맞추다보면 혹시 주변 사람들로부터 무시당하는 경우가 생기지 않을까. 그는 "이 때문에 말할 때 내용이 있어야 한다."며 "요점만 간단명료하게 말하는 습관을 길러야 한다."고 권한다.

결국 자신의 이야기를 전할 때, 있는 그대로 사실적이고 솔직하게 이야기하는 것이야말로 가장 쉽게 가장 적절하게 표현하는 대화기술이라고 할 수 있다.

04
말에도 꾸임없는 천진난만함은 있다.

한때 SBS에서 이소라의 프로포즈라는 프로그램으로 우리에게 친숙한 이소라는 원래 가수지만 MC를 보았다. 그녀의 노래 부르는 모습을 보면 감미로움과 호소력 짙은 그녀의 목소리로 노래를 들으면 복하다는 팬들이 많다. 그러나 그런 그녀가 대화도 잘한다는 것이다. 생긴 외모는 그저 통통하고 복스러운 타입이지만 언제 봐도 질리지 않고 포근하게 대화를 이끌어 간다.

인터뷰의 주인공으로 나와 자신의 이야기를 털어놓은 것. 이날 방송에서 이소라는 특유의 미소와 솔직함을 선보여 많은 관심을 모았다.

이소라가 어느 방송국의 인터뷰에서 방송에서 자주 볼 수 없는 이유가 무엇이냐는 아나운서의 질문에 이소라의 아주 솔직한 답변이 눈

길을 끌었다. "제가 외모에 대해 자신 없어 하는 사람이에요. 노력을 하는 편인데, 끊임없이 먹는 게 좋네요. 죽을 때까지 이럴 모양인지…"

이날 인터뷰에서 그녀는 멋진 모습으로 방송에 나오고 싶은데, 살이 좀처럼 빠지지 않는다는 이야기를 고백했다. 의외로 소심하다는 것. 누가 최근 관심 있는 것이 뭐냐고 물으면 자신은 '운동'이라고 말하고 싶은데, 사실은 밥 먹고 나면 어떤 디저트를 먹을 것인가가 관심사라며 웃으며 말했다.

한번은 인터뷰에서 자신이 남자친구와 헤어져 마음이 매우 아픈 기억 때문에 자신의 노래가 슬프다는 사실을 부인하지 않았다. 그래서 그런지 그가 이소라의 프로포즈에서 MC로 일할 때나 라디오의 아나운서로 일할 때도 유난히 아픈 사연을 많이 소개하기로도 유명하다. 아픈 사연을 소개하는데도 미소를 잃지 않아 사람들을 더욱 감동하게 만드는 대화법의 소유자이기도 하다.

이처럼 이소라는 가끔 방송 중에서 자신의 아픔이나 인간적인 부분들을 노출함으로 인해서 시청자들에게 푸근함과, 편안함, 그리고 나이의 벽을 깨는 귀여움과 발랄한 말투를 가지고 있다. 특히 그녀의 웃음은 처음 만났을 때의 어색함을 바로 깨뜨린다. 대화를 나누는 데 있어 미소만큼 관심을 끌게 만드는 것은 없을 것이다. 이소라가 말하는 동안에 짓는 미소는 '함께 있어 정말 좋아요', '저와 함께 있으면 마음이 편해질 꺼예요' 등의 긍정적인 메시지를 보내기 때문이다.

결국 이소라가 대화를 성공적으로 이끄는 것은 자신에 대하여 꾸밈 없는 천진한 마음을 보여주면서 상대방을 대화로 이끌기 때문이라고 할 수 있다. 어떤 이들은 이소라의 이러한 모습을 보고 빨려 들어가는 것 같은 분위기라고 말한다.

05
겸손함은 소통의 출발점에서부터

70년대부터 방송 MC로 시작해 지금까지 30년 동안 최고의 MC로 왕성한 활동을 보이고 있는 임성훈도 대화의 달인이다. 그가 맡는 프로그램은 모두 장수한다는 공통점이 있으며 그가 세운 기록은 아무나 넘볼 수 없는 철옹성과도 같다.

임성훈은 KBS '전국은 지금'(5년), MBC '생방송 퀴즈가 좋다'(5년), '10시 임성훈입니다'(8년)를 비롯해 11년 동안 방송을 진행했던 KBS '가요톱10'에 이르기까지 오락 교양프로그램의 장수 진행자로 인기를 끌어왔다.

현재 출연중인 SBS '세상에 이런일이', SBS '잘먹고 잘사는 법'도 각각 7년, 4년을 진행하며 시청률 호응을 이끌어 왔다. 이밖에도 '세븐데이즈', '솔로몬의 선택' 등의 프로그램을 진행하며 'MC 지존'의 자리를 이어가고 있다.

　최고의 시청률을 자랑하는 MC 임성훈에게 프로그램의 장수비결을 물으면 그는 "항상 처음 시작할 때의 마음가짐을 잃지 않는 것"이라며 "초심을 잃지 않으면 매너리즘에 빠지지 않는다"라고 말했다. 또 프로그램 선택기준으로 '기획 의도가 자신과 맞을 것', '시대흐름과 일치하는 것' 등을 꼽았다. 그러나 그의 프로그램들을 유심히 보면 그의 이러한 마음가짐 이외에도 출연자들이 속에 있는 말을 잘 할 수 있도록 잘 들어주고 편한 분위기를 만들어 준다는 것이다. 요즘 자극적인 애드리브를 하면서까지 튀려는 젊은 MC들과는 많이 다름을 알 수 있다.

　시청자들은 그의 편한 진행에 대해 "임성훈은 출연자들의 나이, 계층에 상관없이 항상 정중하게 대하고 배려한다"며 "그것을 통해 게스트들이 프로그램 분위기에 잘 적응할 수 있도록 유도해 시청자들에게도 편안함을 만들어 주는 것"이라고 전했다. 이같은 호응에 대해 그는 "너무나 감사하고 출연자들은 모두 프로그램을 도와주기 위해 나왔기 때문에 그들을 배려하는 것은 당연한 것 아니냐"라고 한다.

　또한 그의 성공 비결을 보면 이러한 그가 대화를 잘할 수 있도록 남들에게 편안함을 주는 방법으로 방송 준비를 위해 책을 많이 읽고 다른 방송을 시청하며 진행자의 장점을 배우는데 많은 시간을 보낸다고 한다.

06
채찍질하듯 파고드는 논리로

　이른 아침 출근하는 직장인들에게 문화방송 라디오 '손석희의 시선집중'을 진행하는 손석희 아나운서는 시원한 카타르시스를 제공한다. 손석희 아나운서는 정계, 재계, 학계, 언론계 등 사회의 모든 기득권층에게 가장 두려워하면서도 인정하는 언론인이 바로 손석희 아나운서이다. 그가 진행하는 시사집중은 매일 민감한 문제를 다루며 직접 인터뷰 방식을 통해 국민들에게 보다 실질적이며 정확한 사실을 전달하려 노력한다.

　손석희의 매력은 찌르면 피한방울도 안나올 것 같은 차가운 이미지에 그가 뱉어내는 말은 상대방의 아킬레스근을 미묘하게 건드려서 상대방을 흥분시켜 상대방의 갑옷을 벗기고 벌거벗은 진면목을 시청자로 하여금 보게 해준다는 데에 매력이 있다. 국민들은 손석희 아나운서의 날카로운 지성으로 계속 국민들의 가려운 곳을 통쾌하게 긁어 주기를 바라고 있다.

　그래서 그런지 방송계에서 가장 영향력이 있는 사람 1위로 손석희 아나운서가 뽑히기도 하였고 성신여자대학교 문화커뮤니케이션 학부 교수로 스카웃되어 재직 중에 있다. 그의 화술을 놓고 사람들의 이견도 분분하다. 어떤 이들은 그의 화술에 군더더기가 전혀 없는 사람이라고도 한다. 그의 멘트를 보면 공중에서 일직선으로 내리 꽂히는 매를 연상한다고도 한다. 그만큼 그의 언어는 간략하고 정확하다. 손석희처럼 언어의 절제미에서 오는 촌철살인을 하는 사람이 없을 지경이라고도 한다. 그러나 손석희의 몰아붙이기 식의 인터뷰에 대해서는 불편하게 생각하는 국민들도 많다. 방관자 입장에서 몰아세우듯 상대를 닥달하는 것은 언론인의 지위를 이용한 행패라고 주장하기도 한다.

그러나 많은 사람들은 손석희 아나운서의 절제된 이미지와 깔끔한 대화의 진행으로 손석희 매니아도 적지 않다. 이러한 손석희의 매력은 철저한 자기의 이미지 관리와 함께 미소년 같은 모습 속에서 뿜어져 나오는 촌철살인과 같이 짧은 말 한마디기 사람의 마음을 열게 하고 감동을 전한다. 현대인들은 결코 복잡한 것보다는 단순한 것을 선호한다. 사람들은 흔히 이렇고 저렇고 해서 내 논리가 합당하니 내 말을 믿어 달라며 장황하게 설득하려 하지만 그럴수록 상대도 이리 재고 저리 재게 된다는 것을 손석희 아나운서는 정확히 간파하고 있는 것이다.

07 실패의 경험을 에피소드 유머로

아나운서 중 가장 웃기고 에피소드가 가장 많기로 유명한 아나운서를 꼽으라면 단연 신영일 아나운서를 꼽을 것이다. 신영일 아나운서는 건국대 행정학과 출신으로 97년 KBS에 입사해 현재 KBS 1TV '퀴즈탐험 신비의 세계'와 '퀴즈 대한민국' '스포츠세상' 등을 진행하고 있다. 2004년에는 아테네 올림픽에 메인 아나운서로 파견되어 주목을 받기도 하였다.

KBS 아나운서 중 에피소드가 가장 많기로 소문난 신영일 아나운서는 방송을 솔직하게 운영하기로도 유명하다. 그래서 그는 방송 중에서도 자신의 실수를 인정하고 솔직하게 표현함으로 인해서 오히려 상대방에게 기쁨을 선사한다. 실제로 그가 방송에 출연하여, 자신이 실수한 웃지못할 에피소드를 자주 공개했다. 특히 신영일 아나운서는 라디오 뉴스를 진행하다 실수했던 기억을 소개한 적이 있다. 라디오 뉴스 끝에 전해주는 일기예보 소개에서 "기온은 10도, 습도는 42%"라고 얘기를 했어야 하는데 "기온은 습도, 10도는 42%"라고 말해 얼굴이 빨개졌던 실수담도 고백했다.

이처럼 신영일 아나운서가 진행하는 프로그램들을 보면 출연진들을 즐겁게 해줄 뿐만 아니라 다른 어떤 프로그램보다 웃음을 많이 자아내게 한다. 이처럼 그가 맡은 프로그램들을 화기애애하게 만드는 이유는 그가 남들보다 유머감각을 많이 지녔기 때문이다.

신영일 아나서운서는 과거에는 내성적인 사람이었기 때문에 조용하고 평범한 학생이었다고 한다. 초등학교 생활기록부에 보면 실제로

'내성적', '친구들과 잘 어울리지 못함' 이라고 적혀있다고 한다. 대학 다닐 때도 내성적이긴 마찬가지였으나 대학 4학년 때 우연히 '아나운서 되기'라는 책을 읽고 아나운서가 되기로 결정했다고 한다. 그는 아나운서가 되기 위해서는 많이 얘기하고 표현해야 한다는 것을 알게 되었으며, 합격하지 못해도 준비하는 과정이 나를 바꿀 수 있을 것이라는 생각이 들었다고 한다. 또한 주변에서 목소리가 괜찮다는 얘기를 들어왔기 때문에 도전했다고 한다.

  그가 유머있는 아나운서로 성공하게 된 원인을 첫째는 리허설을 철저히 하기 때문이라 한다. 미리 거울 앞에서 질문을 하고 답변을 하는 시뮬레이션 과정을 거치게 하면 자신감도 올라가고 자신을 정확히 바라보는 계기가 된다. 둘째 어떤 글이라도 자주 씀으로 논리적이고 체계적인 말을 할 수 있게 도움을 준다. 셋째, 말할 때 상대방과 눈을 접촉하고 말을 한다. 넷째, 어투를 신경써서 자신만이 가진 안 좋은 말의 습관은 고쳐야 하는데, 유행어처럼 억양을 이상하게 넣거나 말투가 일반사람들에 비해 특별히 이상한 부분이 있다면 과감히 고쳐야 한다.

08
격려의 말은 잠들어 있는 잠재력까지도 깨워준다.

우리가 인생을 살아가노라면 뜻대로 되지 않아 의기소침해지고 자신감을 잃는 경우가 있다. 이럴 때 가장 소중한 도움은 깊은 사랑에서 우러나오는 누군가의 격려다. 그 격려는 사람의 암울한 정신에 깊은 용기를 던져주고, 오랜 세월 흔들리는 마음을 잡아주는 기둥이 되어준다.

미국의 흑인의사 벤카슨, 그는 현재 미국존스홉킨스대학병원에 근무하는 '신의손'이란 별명을 가진 소아신경외과 의사이다. 그역시 어린 시절에는 빈민가의 불량배에 불과했다. 그는 자동차의 도시, 디트로이트 빈민가에서 태어났으며 여덟살되던 해에 부모가 이혼해 어머니와 단둘이 살았다. 당시의 미국은 인종차별이 심해 그는 학교에서 백인 친구들에게 심한 따돌림을 당했다. 게다가 그는 초등학교 5학년에 되도록 구구단을 외우지 못했고 산수는 빵점을 맞기 일쑤라 친구들의 놀림감이 되곤했다. 그런 그를 '신의손'이라 불리는 세계적인 의사로 만든 것은 무엇일까? 그를 이끈 것은 바로 어머니가 해준 한마디 말때문이었다. 그는 한 신문 인터뷰에서 "어머니는 내가 늘 꼴찌나 하고 흑인이라고 따돌림이나 당하며 바보같은 짓만 하는데도 벤 넌 마음만 먹으면 무엇이든 할 있어! 노력만 하면 할수 있어!' 라는 말을 끊임없이 들려주며 내게 격려와 용기를 주었습니다."라고 회상했다. 벤카슨은 어머니가 틈만 나면 "너는 노력만 하면 무엇이든 할수 있다." 고 되풀이해서 들려주자 차츰 "정말일까? 나도 노력만 하면 무엇이든 할수 있을까?" 싶어 중학시절부터 공부를 시작했다. 그랬더니 거짓말처럼 성적이 올랐고 성적 오르는 것이 신기해서 더 열심히 공부했더니 결국 우등생이 되었다. 그는 사우스웨스턴 고등학교를 3등으로 졸업하고 명문 미시간대학 의대에 합격해 의사가 되었다. 의사가 된후에는 숱한 의사들이 수술을 포기했을 정도로 고치기 힘든 악성 뇌종영 환자와 만성뇌염으로 하루 120번씩 발작을 일으키던 어린이를 완치시켜 세계적인명의로 인정받게 되었다. 1987년에는 세계최초로 머리와 몸이 붙은채 태어난 샴쌍둥이를 분리하는데 성공해 '신의손' 이라는 별명도 얻었다. 이처럼 어머니의 "넌 할 수 있어. 무엇이든지 노력만 하면 할 수 있어." 라는 말은 불량배 소년을 세계적인 명의로 바꿀 정도로 놀라운 힘을 갖게 한 것이다

위인들의 업적을 보면 그들 혼자만으로 이룩된 성과가 아니란 걸 알 수 있다. 그 뒤에는 조력자와 더불어 그들이 잘되기를 바라는 사람의 참된 칭찬과 격려가 뒷받침되어 있다. 이들의 평범했던 인생을 바꿔 놓기도 한 마법의 언어, 칭찬과 격려. 이는 사람이 갖고 있는 능력과 잠재력을 최대한 활용하도록 만드는 촉진제와 같다.

격려를 많이 받게 되면 긍정적인 생각을 많이 하게 된다. 왜냐하면

격려는 잘 했을 때에도 주어지고 실패했을 때에도 주어지기 때문에 상대방은 스스로 자신이 가치 있는 존재라고 느끼게 된다. 따라서 작은 일이라도 잘해보려고 애쓰는 마음을 갖게 된다.

09
칭찬도 기술적인 말하기 힘이다.

　칭찬은 좋은 점이나 착하고 훌륭한 일을 높이 평가하는 말을 말한다. "말 한 마디로 천냥 빚을 갚는다."는 말처럼 어떤 상황에서 어떤 말을 어떻게 하느냐 하는 것은 매우 중요하다. 특히 말하는 사람이 어떤 위치에 있느냐에 따라 그 말은 엄청난 효력을 발휘할 뿐만 아니라 때때로 한 사람의 인생을 바꾸어놓기도 한다. 그중에서 칭찬은 대인관계나 조직관리에서 별로 힘들이지 않고 큰 효과를 발휘하게 하는 전략적 수단이다.

　'칭찬은 고래도 춤추게 한다'는 책이 베스트셀러가 될 만큼 칭찬의 중요성에 주목하는 움직임이 활발하다. 이처럼 짧은 칭찬 한 마디는 고래의 인생을 바꿀 정도로 큰 힘을 발휘한다. 특히 대화는 사람의 인생을 바꾸는 가치있는 일이기 때문에 대화에서도 칭찬의 필요성은 크다고 할 수 있다. 특히 대화과정에서 목적을 달성하는데 중요한 동기유발의 중요한 기폭제이기도 하다. 물질이 풍요로워진 사회일수록 인간적인 정에 약하다.

따라서 사람들은 칭찬받고 싶은 욕구가 강하다. 굳이 대화에서 뿐만 아니라 사회생활에서도 칭찬을 잘하지 못하면 이제는 살 수 없는 시대가 되었다. 이 시대는 칭찬 잘하는 사람을 필요로 한다.

심리학에서는 피그말리온효과라는 것이 있다. 칭찬하면 칭찬할수록 더욱 더 잘하려는 동기를 제공하는 것을 심리학에서는 피그말리온 효과(Pygmalion Effect)라고 한다. 원래 피그말리온 효과라는 것은 자기충족적 예언이라고도 하며, 원래 그리스신화에 나오는 조각가 피그말리온의 이름에서 유래한 심리학 용어이다. 조각가였던 피그말리온은 아름다운 여인상을 조각하고, 그 여인상을 진심으로 사랑하게 된다. 여신(女神) 아프로디테((로마신화의 비너스)는 그의 사랑에 감동하여 여인상에게 생명을 주었다. 이처럼 타인의 칭찬이나 기대 또는 관심으로 인하여 능률이 오르거나 결과가 좋아지는 현상을 말한다.

심리학에서는 타인이 나를 존중하고 나에게 기대하는 것이 있으면 기대에 부응하는 쪽으로 변하려고 노력하여 그렇게 된다는 것을 의미한다. 대화에서도 칭찬이나 격려를 통해서 상대방에게 긍정적인 영향을 미치는 심리적 요인이 된다는 것을 말한다.

1968년 하버드대학교 사회심리학과 교수인 로버트 로젠탈(Robert

Rosenthal)과 미국에서 20년 이상 초등학교 교장을 지낸 레노어 제이콥슨(Lenore Jacobson)은 미국 샌프란시스코의 한 초등학교에서 전교생을 대상으로 지능검사를 한 후 검사 결과와 상관없이 무작위로 한 반에서 20% 정도의 학생을 뽑았다. 그 학생들의 명단을 교사에게 주면서 '지적 능력이나 학업성취의 향상 가능성이 높은 학생들'이라고 믿게 하였다. 8개월 후 이전과 같은 지능검사를 다시 실시하였는데, 그 결과 명단에 속한 학생들은 다른 학생들보다 평균 점수가 높게 나왔다. 뿐만 아니라 학교 성적도 크게 향상되었다. 명단에 오른 학생들에 대한 교사의 기대와 격려가 중요한 요인이었다. 이 연구 결과는 교사가 학생에게 거는 기대가 실제로 학생의 성적 향상에 효과를 미친다는 것을 입증하였다.

이처럼 대화에서도 피그말리온 효과를 사용하여 지속적인 칭찬과 격려를 통해서 상대방에게 놀라운 변화를 가져오게 할 수 있다.

칭찬을 할때 기술적인 부분이 필요하다. 칭찬은 이쁘다, 착하다, 잘한다, 그러한 의례적인 것보다는 한번 칭찬을 해도 오래 기억에 남고, 정말 기분 좋아지는 칭찬을 해야 한다.

칭찬은 구체적으로 해야한다. 정말 나의 얘기라는 느낌이 직접적으로 드는 칭찬이 진정한 칭찬 기법이다.

직장 뿐 아니라 인간관계가 있는 어디에서건 비판이나 지적보다는 칭찬은 큰 힘을 발휘한다. 동기를 부여해주고, 팀웍을 높여줄 뿐 아니라 자신감을 심어주어, 그 안에 있는 위대한 힘을 발견해 준다. 아이에서 어른이 되는 성장의 주식은 음식과 칭찬이다. 몸을 키우기 위해서는 밥과 반찬을 먹어야 하고, 생각과 가치관을 키우기 위해서는 칭찬이라는 주식을 먹어야 한다. 생각과 가치관 즉 창의성, 용기, 인내, 긍정적 사고 등 자신에게 주어진 다양한 능력들을 최대한 발휘하고 성장하여 다른 사람들과 공유할 수 있는 것은 바로 칭찬에서 시작된다. 칭찬은 그 사람의 가능성과 잠재력을 발견해주는 동시에 그 능력을 더욱 키울 수 있도록 해주는 영양제 역할을 해준다.

10
설득은 진정성어린 말과 동행할 때 제 길을 찾아간다.

설득이란 자신의 의견이나 사고에 상대가 찬성하도록 하든가 지지하도록 하든가 또는 적극적인 반대가 없도록 하든가 아니면 자신이 뜻하는 행동이나 동작을 상대가 행하도록 하는 것이다. 곧 설득은 자신의 개성있는 지식이나 정보를 상대에게 납득시키는 것이다. 즉 설득은 잘 설명하거나 타이르거나 해서 납득시키는 것으로 논거를 중심으로 구성해서 상대를 납득시키는 것이다. 대표적인 설득 대화로는 정치가들이

행하는 판매원들의 대화, 회의 참여자들의 토론이나, 면접 대상자들의 응답 등을 들 수 있다.

미국에서 최고의 명사회자를 꼽으라면 '오프라 윈프리'를 꼽을 것이다. 그녀를 모르는 사람은 미국엔 없다고 할 정도로 유명한 사회자이다. 오프라 윈프리는 최고의 시청률을 기록한 '오프라 윈프리 쇼'의 사회자이고 흑인 중에서 가장 성공한 사람으로 꼽고 있다. 그는 흑인으로서 매우 가난한 성장환경을 가지고 있으며, 마약 중독에 미혼모의 경험을 가지고 있다. 그러한 그가 도저히 생각하기도 어려운 최고의 존경을 받는 명사회자가 된 것이다.

그의 성공요인을 보면 그는 어려운 성장환경을 극복해야 하겠다는 생각에 많은 책을 읽었음 책을 통해서 다른 사람들의 삶에 대해서 배우고 자신의 꿈을 키워갔다. 그는 독서를 통해 자기가 살던 세상과 다른 새로운 세상의 말들을 배우게 되었고, 나아가 대화를 잘하는 요령을 알게 되었다. 말 중에서도 대화능력이 뛰어난데 오프라 윈프리는 자신의 노력 덕분에 말을 잘하게 되었으며, 이를 바탕으로 남들을 설득하는데 남들보다 탁월한 재주를 가지고 있다.

오프라 윈프리는 자신의 "북클럽"이란 프로그램을 통해 책을 소개하는데 그가 소개한 책은 바로 다음날부터 날개돋힌 듯이 팔려 바로 베스트셀러로 만들어 버릴 정도로 막강한 설득력을 가진 설득의 귀재이고 대화의 대가이다.

　오프라 윈프리가 성공한 요인들을 보면 여러 가지 요인이 있었지만 특히나 그는 성공한 사람이 드러내기 쉬운 거만함을 절대 드러내지 않았으며, 그녀가 겪어온 아픔을 절대 잊지 않고 있다는 태도를 보이며, 아무리 어려운 사람에게도 힘을 잃지 않도록 노력하였다. 또한 아무리 어려워도 그것을 이겨낼 수 있는 비결이 있음을 제시하며 긍정적인 대화로 이끌었으며, 재미있는 일을 발을 동동 구르며 웃고 슬픈 일을 얘기하는 사람과는 함께 눈물을 흘리며 감정을 표현함으로 인해서 어려운 사람들의 마음들의 마음의 문을 설득이라는 열쇠로 열었다.

　오프라 윈프리는 상대방의 설득을 얻어 내기 위한 방법으로 다음과 같은 다섯 가지를 들었다. 첫째, 항상 진솔한 자세로 말하여 상대방의 마음을 열어야 한다. 둘째, 아픔을 함께 하는 자세로 말하여 상대방의 공감을 얻어야 한다. 셋째, 항상 긍정적으로 말한다. 다섯째, 사랑스럽고 따뜻한 표정으로 대화한다. 다섯째 말할 때는 상대방을 위한다는 생각으로 정성을 들여 말해야 한다. 오프라 윈프리는 바위 같은 고집쟁이도 정성을 다해 말하면 꼼짝없이 마음의 문을 열고 설득당할 것이라고 하였다.

11
대화는 기술이다. 기술은 갈고 닦고 연마해야 훌륭한 기술자가 되듯이.

대화력은 대화를 잘하는 능력을 말한다. 대화를 잘한다는 것은 여러 가지의 기술들이 복합적으로 구성되어 있다. 대화를 잘하기 위해서는 효율성, 적절성, 유동성 측면 등 3가지의 측면을 고려해야 한다.

첫째, 효율성은 자신이 하는 대화가 자신이 정한 목표 달성을 위하여 얼마나 최소의 비용으로 최대의 효과를 얻었는가를 고려하는 것을 말한다. 대화에서도 효율성을 따지는 것이 어색할지도 모른다. 그러나 사람을 만나서 대화를 통해 자신이 정한 목표에 도달하기 위해 필요 이상의 비용과 시간을 들인다면 그것은 낭비가 된다. 따라서 대화에서도 되도록 최소의 시간과 비용을 들여서 빠르고 정확하게 도달해야만 자신이 정한 목표를 도달하는 것이 가치가 높아지는 일이므로 매우 중요하다고 할 수 있다.

둘째, 적절성은 상대와의 대화에서 절절한 언어를 구사하여 상대방의 동의나 대화를 부드럽게 이끌어 가는 것을 고려하는 것이다. 사람들은 제 각각 살아온 환경적 요소가 틀리기 때문에 그들에 맞는 대화를 적절하게 구사할 때 대화를 잘한다고 한다. 사람의 환경적 요소로는 상대방의 학력, 경제력, 친화력, 대화력, 지식, 학습력 등 다양한 요인이 있다. 절절성은 상대방에게 얼마나 대화 규칙, 에티켓, 재치, 공손함을 지키면서 대화를 하고 있는지 평가되는 것이기도 하다.

셋째, 유동성은 상대방과 대화하면서 자신의 대화 목표를 상황에 따라서 유동적으로 변화시킬 수 있는 있는가를 고려하는 것이다. 사람들은 항상 같은 마음을 갖고 있는 것이 아니라 자신이 처한 상황에 따라서 마음이 변한다. 예를 들면 대화 도중에서 화자의 말이 마음에 들지 않으면 자신의 마음을 닺게 되고 원하는 목표로의 도달은 점점 어려워지게 된다. 이러한 경우에는 처음의 대화 자세에서 변화를 주어 상대방의 마음을 변화시킬 수 있도록 대화가 진행되어야 한다. 또한 평상시에는 남의 말을 잘 들어주는 사람도 불쾌한 일을 당해서 대화에 몰입을 하지 못하는 경우에도 예전의 대화 자세에서 상대방의 마음을 편하게 해줄 수 있는 대화 자세로 바뀌어야 한다. 이러한 것을 유동성이라 한다.

특히 대화력이 필요한 경우는 화자와 상대방이 서로 갈등상황에 놓여 있는 경우이다. 갈등 상황에 있는 상대방의 기분을 고려하면서 내 자신의 원하는 대화 목표를 달성해야 하는 상황이기 때문이다. 이러한 갈등상황은 이해관계가 맺어있는 조직내 관계에서 발생할 수 있을 뿐만 아니라 부부나 친구들 사이에서도 빈번하게 발생할 수 있다. 이번 기회를 통해서 영원히 보지 않을 것이라면 갈등상황을 무시하면서 상대방이 기분 나빠해도 할 말을 다할 수도 있겠지만 진정으로 대화를 잘하는 사람이라면 갈등상황을 해결할 뿐만아니라 자기가 원하는 목표를 달성하는 것이라 할 수 있다.

예를 들어, 상사가 자신에게 무리한 부탁을 시키고 있는 경우, 상사이기 때문에 그의 요구에 따랐다면, 자신의 대화 적절성 차원은 충족시켰지만, 자신이 원하지 않는 요구를 받아들였으므로 효율성 차원에서는 실패한 것이라고 할 수 있다. 반대로 상사에게 노골적으로 반대하여 자신이 원하는 만큼의 일만 하게 된 경우에는, 자신의 목표를 달성하였기 때문에 효율성 차원은 충족시켰지만, 상사와의 대화에서 위계질서 규칙을 깨뜨렸기 때문에 적절성 차원에서는 실패했다고 할 수 있다. 이처럼 갈등상황에서는 적절성과 효율성 달성 수준이 대화 능력을 좌우하는 중요한 차원이 될 수 있다. 물론 위에서 예를 든 상황은 이해관계가 내재된 조직 내의 갈등상황이지만, 이러한 적절성과 효율성의 마찰은 이해관계가 내재되지 않은 친구간의 갈등상황에서도 충분히 나타날 수 있을 것이라고 생각된다.

● 상대를 감동시키는 말

1. 힘내세요.
2. 당신이 하는 일이라면 뭐든지 환영이에요.
3. 당신만 믿어요.
4. 세상에 당신 같은 사람이 또 있을까요.
5. 참 멋있는 사람이에요.

6. 사랑스런 사람이군요.

7. 아이들이 당신을 닮았다면 최고가 될거예요.

8. 당신이 최고에요.

9. 나이가 들어도 지금처럼 멋있을 거예요.

10. 당신 어머니가 부럽군요.

11. 언제든 도움을 드릴수 있었으면 좋겠네요.

12. 어떻게 그런 생각까지 하셨어요?

13. 당신 곁엔 항상 우리가 있는 거 아시죠?

14. 나는 당신의 능력을 믿어요.

15. 힘들때 함께 할께요.

18. 당신 힘들면 언제든 얘기해요. 내가 당신 힘든 거 조금이라도 덜게요.

19. 난 언제든 당신편이에요.

20. 당신하고 같이 있으면 언제나 이십대 같아요.

22. 어떠한 일이 있어도 나에게는 당신 뿐이에요.

23. 당신 어깨에 기대고 있을 때가 세상에서 제일 편해요.

24. 내가 당신 얼마나 존경하는지 모르시죠?

25. 잘하셨네요

26. 당신을 알아 행복한 사람이예요.

27. 다시 태어나도 이렇게 만났으면 좋겠어요.

28. 당신은 항상 믿음직해요.

29. 당신한텐 참 배울 점이 많아요.

30. 이렇게 자상한 사람이 또 있을까요?

32. 당신을 세상에서 가장 자랑스럽게 생각하고 있어요.

33. 애들이 당신을 가장 존경한데요.

34. 당신 생각(뜻)대로 해봐요.

한 마디의 말이 들어 맞지 않으면 천 마디의 말을 더 해도 소용이 없다. 그러기에 중심이 되는 한 마디를 삼가서 해야 한다.

중심을 찌르지 못하는 말일진대 차라리 입 밖에 내지 않느니만 못하다.

- 채근담 -

〈칭찬의 효능10〉

1. 칭찬은 불가능을 가능으로 만든다.

바보 온달에게 지혜로운 평강공주의 칭찬과 믿음은 훌륭한 장군이 되게 하였고, 듣지도 보지도 말도 못하던 헬렌 켈러에게 설리반 선생의 진심어린 칭찬은 기적을 만들어 주었다.

2. 그렇다고 생각하면 진짜 그렇게 된다.

삭티 거웨인의 "진짜 그렇게 된다"에서처럼 다소 못 미치더라도 칭찬을 받으면, 의식세계는 물론이고 무의식의 세계까지 건강하게 긍정적으로 변화하게 되어 이루고자 하는 모습처럼 된다.

3. 비용대비효율이 높아 경제적이다.

돈은 순간의 기쁨을 주지만 칭찬은 평생의 기쁨을 주는 것이다. 더우기 칭찬은 비용이 들지 않을뿐더러, 큰 비용으로도 해결할 수 없었던 부분까지도 해결해 준다.

4. 세상에서 가장 영예로운 보상이다.

'우리가 한 것들에 대하여 받을 수 있는 가장 기분 좋은 보상은 그것이 알려진 것을 보는 것이요, 우리를 명예롭게 하는 칭찬으로 박수 갈채를 받는 것이다'라는 서양 속담도 있다.

5. 칭찬은 칭찬을 낳는다.

고기도 먹어본 사람이 맛을 알듯이 칭찬을 받아본 사람은 남에게도 칭찬을 잘 한다.

그렇게 칭찬이 돌고 돌아 세상을 살맛나게 만든다.

6. 벽을 허물고 간격은 좁혀준다.

살다보면 코드가 안 맞거나 매사에 부딪히는 사람이 생기게 마련이다. 자세히 보면 그런 사람일지라도 칭찬할 만한 요소는 많다. 비난과 질타의 말 대신 칭찬의 말을 한다면 단단한 벽은 허물어지고, 벌어진 간격은 좁혀진다.

7. 잠재력과 가능성을 발견해준다.

'낙숫물이 댓돌을 뚫는다'는 속담처럼 작은 칭찬들이 모여서 위대한 결과를 만들어낸다.

자신도 몰랐던 잠재력을 발견해주고 가능성을 확신시켜 준다.

8. 칭찬은 변화를 위한 가장 시원한 갈증 해소제이다.

변화에 목말라 하는 사람에게 가장 시원한 음료는 칭찬이며, 자꾸 자꾸 먹어도 배가 부르지 않고 해가 없는 가장 탁월한 갈증해소제이다.

9. 성공한 사람들의 말의 절반은 칭찬이다.

성공하는 사람은 불평과 지적보다는 칭찬을 한다. 칭찬을 할 때의 긍정적인 뇌파가 자신을 긍정적인 방향으로 이끌어 더욱 성공하게 만들어준다.

10. 칭찬하는 말은 권위적인 말보다 더 권위가 있다.

칭찬은 아무나 하는 것이 아니다. 칭찬할 수 있는 여유와 마음가짐이 있어야 비로서 할 수 있다. 칭찬은 상대에게 유쾌하게 권위를 보여주는 것이다.

마음속으로 깊이 파고드는 대화법

■

한 마디의 말이 들어 맞지 않으면 천 마디의 말을 더 해도 소용이 없다.

그러기에 중심이 되는 한 마디를 삼가서 해야 한다.

중심을 찌르지 못하는 말일진대 차라리 입 밖에 내지 않느니만 못하다.

- 채근담 -

■

01
말의 핵심을 추리는 것도 기술이다.

우리의 속담에 '말이 많으면 쓸 말이 없다'라는 말처럼, 어떤 문제에 대해 말을 많이 하게되면 내용이 모호해지는 경향이 있다. 결국 모호성을 띄게 되는 말은 상대를 혼동하게 하며, 혼란스럽게 하여 화자의 정확한 내용 전달에 저해 요인이 되는 것이다. 따라서 말은 보다 줄여서 하는 것이 효과적으로 자신의 의도와 뜻을 포함하고 있는 내용을 보다 정확하고 명확하게 전달하는 방법이 되는 것이다.

미국에서 시간관리 전문가들이 분석한 결과 인간의 수명이 80이라고 가정할 때 하루에 8시간씩 잔다면 평생자는 시간은 24년으로 인생의 1/3이나 소비하게 되고, 매일 사람을 만나는 시간을 따져보면 하루에 4기간으로 평생 사람만나는 데 소요되는 시간은 12년으로 인생의 /16이나 소비하게 된다는 발표를 하였다.

자기계발의 달인 공병호 박사는 사람을 만나는데 소요되는 시간이 통상 4시간 정도 걸린다고 한다. 2시간은 만나러 이동하는데 가는데 1시간 만나고 오는데 1시간이 소요되고 처음 만나는 30분은 인사와 공감을 형성하는 시간이고 나머지 30분이 본론으로서 필요한 대화이고 나머지 1시간은 잡담으로 끝나기 쉽다고 한다. 그래서 사람을 만나기보다는 주로 메신저를 사용한다고 한다. 그러면 웬만한 대화는 아무리 늦어도 30분 만에 대화를 종결할 수 있다고 한다.

실제로 대화하는 사람들의 내용을 들어보면 소위 본론이라는 부분보다는 앞뒤 내용이 더 많은 비중을 차지하는 경우가 많다. 그러나 바쁜 현대인에게는 시간이 바로 돈이고 경쟁력이기 때문에 어떻게 하면 빠르게 본론으로 대화를 할 것인가를 고민해야 한다. 꼭 대화 시간을 많이 갖는다고 해서 좋은 결과를 가져오지는 않는다. 오히려 대화가 길어질수록 어색해지거나 애매한 분위기가 만들어 질 수 있다. 역사적으로 보아도 중요한 결정을 내리는 대화인 계약이나 협약식 등은 시간이 더 짧게 걸리는 것을 잘 알 수 있다.

또한 사람은 대화를 집중해서 들을 수 있는 시간은 제한되어 있다. 개인차는 있지만 평균적으로 20분이 가까워오면 집중력이 떨어지기 시작하는데 이 시점에서 분위기를 전환해야 한다. 따라서 새로운 주제로 이야기를 하거나 흥미를 끌 만한 실례를 들거나 질문을 하여 집중력을 끌어 올려야 한다. 정해진 시간을 지키거나 줄여서 대화하는 것도 신뢰감을 형성하는 중요한 요소가 된다.

대화가 너무 짧아도 조금은 너무 말랐다고 할 수 있지만 대화는 적당해야 하며, 중요할수록 판단은 짧고 결정은 빠르고 하는 것이 좋다. 대화에서 대화 시간을 줄이려면 만남의 목적이 무엇인지? 대화를 할 때

"대화의 목적 혹은 목표가 무엇인가?"라는 질문을 스스로 해보고, "교환해야 할 중요한 사항이 무엇이며 어떤 순서로 해야 하나?"를 고려해야 한다.

결국 대화에는 목표가 있어야 한다는 것을 의미한다.

02
대화의 방향을 꽉 잡아라

대화를 하다보면 주제와 동떨어진 곳으로 가는 사람이 있다. 그런 사람을 우리는 삼천포로 빠졌다고 표현한다. 대화 중에 삼천포로 자주 빠지는 사람들의 특징은 자신이 삼천포로 가 있으면서도 불구하고 그러한 사실을 모르고 자기가 말하는 것에 도취되어 계속하게 대화를 하는 것이다. 문제는 대화가 삼천포로 간다는 것만으로도 시간적 낭비가 될뿐 만 아니라 대화를 듣는 상대방은 매우 불편해 한다는 것이다.

K과장은 30대 후반의 여성이다. 중소기업에서 과장으로 있으면서 사람만 만나면 말하는 것을 좋아한다. 그래서 아무나 만나면 자신의 능력이 높음을 과시하는 말부터 자신의 이야기를 많이 한다. 그래서 하청 업체의 직원들도 만나면 어쩔 수 없이 K과장의 대화를 들어야만 한다.

그러나 중요한 것은 말을 하는 것은 좋아하는 편이지만 대화를 하는 도중에 주제와 관련없는 대화로 흘러가기 때문에 말이 길어지고 대화의 목적이 희석되어 버렸다. 그래서 회사 직원들은 K과장과 대화하는 것을 꺼렸다. 그러나 어쩔 수 없이 결재를 맡으러 간 직원들은 어떻게 해서든 K과장이 삼천포로 빠질 수 있는 대화의 실마리를 던지지 않기 위해서 노력하였다.

K과장은 상사와의 대화에서도 마찬가지다. 한번은 사장님이 K과장에게 요즘 회사가 잘 돌아 가지 않는 이유가 무엇인지를 물었다.

K과장은 "네 많은 것이 문제입니다."라고 답했다.

사장님은 "많은 것이 문제라고 하지 말고 구체적으로 뭐가 문제인지를 말해보라"고 하였다.

K과장은 "네 직원들이 문제가 많습니다."라고 답했다.

이에 짜증이 난 사장님은 K과장에서 "아 이사람 정말 답답하구만, 그래 직원들의 뭐가 문제란 말인가?"

K과장은 매사에 이러한 식으로 정확한 답변을 하지 못하였고 이러한 대답에 사장도 짜증이 날 수 밖에 없었다. 결국 K과장은 직원들 뿐만 아니라 상사들과도 커뮤니케이션이 되지 않는다는 이유로 진급을 하지 못하고 퇴직을 할 수 밖에 없었다.

이처럼 대화의 방향이 정확하지 못하거나 의도하지 않는 곳으로 자주 가는 사람과의 만남은 어디에서든 원하지 않는다. 회사에서는 어쩔 수 없이 상하의 관계에 의해서 이루어지므로 삼천포로 가는 상사를 만난다면 어쩔 수 없지만, 상사의 입장에서는 일반적으로 이러한 사람을 회피하게 된다.

대화의 방향이 의도하지 않는 곳으로 가지 않기 위해서는 대화 도중에 자신이 하는 대화의 방향이 올바른가를 물어 대화와의 관련성이 적으면 하지 말아야 한다. 자신이 하고 있는 대화가 옳은지 아닌지의 판단이 부족하다면 대화를 듣는 상대방의 표정이나 태도를 보면서 하면 된다. 상대방의 얼굴에 나타난 표정이 나의 대화를 듣는 것이 불편하다면 바로 수정하거나 대화를 끝내는 것이 좋다.

03
소통의 출발-상대의 욕구를 충족시키는 대화법

대화는 자신을 위해 하는 게 아니라 듣는 사람들에게 자신의 생각이나 필요한 정보를 전달하는 작업이다. 따라서 상대방이 무엇을 원하는지 미리 상대방의 태도나 만남의 목적을 분석해보고, 대화에서 전달하고자 하는 내용을 생각해 본다. 즉 상대방이 요구하는 니즈를 찾아 그에 맞추어 대화를 진행하면 마음의 문을 여는 대화를 할 수 있다. 상대방의 니즈에 맞추어 대화하는 습관을 가지면 상대방은 대화내용을 통해서 화자와 의견이 잘 맞는다고 생각하여 마음의 문을 열고 대화가 순조롭게 진행될 수 있다.

m씨는 직장생활을 하지 않는 주부이다.

그런데도 m씨의 하루 생활은 아침부터 시간을 정해놓고 사람들을 만날 정도로 바쁘다. 친한 사람들과 친하게 어울리며 생활하는 것은 누구나가 하는 것이지만 m씨의 경우는 다르다.

m씨를 한번 만난 사람이라면 누구나 m씨에게 호감을 가지고 있으며 m씨와 대화하기를 원한다. 그다지 오랜 만남을 갖지 않았는데도 m씨에게 쉽게 자신의 속내를 꺼내 놓고 이야기하는 것을 보면 m씨에겐 뭔가 특별한 것이 있다.

그 이유를 살펴보면 m씨는 사람들을 만남에 있어 첫 만남에서부터 자신의 관심사보다 상대의 관심사에 관심이 더 많다. 상대가 무엇을 원하는지, 무슨 이야기를 하고 싶어 하는지를 알고 있으며 상대방의 입장에 맞추어 이야기를 이끌어주고 상대방이 충분히 자신의 마음을 꺼내 놓을 수 있도록 충족시킬 수 있는 대화를 유도해준다.

그렇기 때문에 m씨를 만나면 자연히 편안해지면서 수다쟁이가 되어가는 것이다. 진정한 상담, 소통의 출발은 상대방의 욕구를 충족시키는 데서부터 출발한다. 진정한 소통의 길잡이가 되어주고 있는 m씨야말로 진정한 소통의 전문가가가 아닐까 생각한다.

대화는 상대방이 전달한 생각이나 정보에 대한 느낌과 이해 정도를 전달하는 것이므로 마음의 문을 여는 대화가 되려면 상대방에 대한 배려가 우선되어야 한다. 결국 마음의 문을 여는 대화는 상대방의 욕구를 얼마나 충족시켰느냐가 문제가 된다.

좀더 성공적인 대화를 나누려면 상대방에 대한 니즈의 충족을 넘어, 다양한 상황에 맞는 대화를 구사해야 한다. 이것은 마치 사이클 경기자가 다양한 지역 혹은 지형에 따라 조절하고 수정하는 것과 비슷하다. 각 상황에 따라 상대방에 대한 분석과 기술이 요구되며 각 상황의 독특한 욕구를 충족시키기 위한 좋은 대화 전략의 선택은 성공적인 대화를 가져올 수 있다.

편안한 마음을 갖기를 원하는 상대방과 숨넘어 갈듯 빠른 결과를 요구하는 상대방과의 대화는 다를 수밖에 없다. 또 노인 혹은 아동들을 위한 대화방법도 다른 전략이 요구된다.

대화를 통해 상대방을 설득한다는 것은 결코 쉽지 않은 일이다. 확실한 논거를 바탕으로 이성적인 합의뿐 아니라 감정적인 호응도 이끌어내야 하기 때문이다. 따라서 사전에 상대방에 대한 정보를 가능한 한 많이 수집하여 상대방에 맞는 대화스타일을 개발하는 것이 좋다. 만약 상대방이 전문직 종사자라면 철저한 지식으로 무장을 해야 함은 물론 그가 생각하지 못한 뛰어난 무기를 갖고 있어야 한다. 그러나 상대방에 대해 잘못 파악했다가는 오히려 대화중에 실수하기 쉽다. 대화는 쌍방향의 암묵적인 커뮤니케이션이라는 점을 명심해야 한다.

04
대화의 1:1:1 법칙

대화는 반드시 말하는 사람인 화자와 듣는 사람인 상대방으로 구성된다. 말은 혼자 일방적으로 해도 되지만 대화의 상대방이 있기 때문에 대화가 공평하고 순조롭게 진행되어야 한다. 대화를 혼자 주도하게 되면 상대방은 지루하게 느끼게 되거나 침묵을 지키게 된다. 나아가 불만이 쌓이게 된다.

학자들에 의하면 사람이 한번에 할 수 있는 이야기의 시간은 길어야 2분에서 1분이라고 한다. 그리고 한꺼번에 2분 이상을 이야기해버리면 상대방이 부담을 느끼는 느끼기 시작한다는 것이다.

누구나 사람들은 남의 대화를 듣고 있는 것보다 자기의 말을 들어주길 바란다. 그래서 말이 많은 사람들은 친구가 없고 반대로 말을 잘 들어 주는 사람에게는 친구가 많은 것을 알 수 있다.

결국 마음의 문을 여는 대화가 되려면 한번 말하면 한번은 들어 주고 한번은 공감을 표현해야 한다. 그것을 1:1:1법칙이라고 한다. 심지어 아나운서 이숙영은 1:2:3의 법칙을 이야기 한다. 1번 말하면 2번 들어 주고 3번 공감하라는 것이다.

1:1:1법칙은 A가 화자일 때는 B가 상대방이 되고, B가 화자일 때는 A가 상대방이 되는 것을 말한다. A가 이야기하다가 멈추면, 또 다른 참여자인 B가 이야기를 시작하고 한번 공감하는 식으로 대화를 이끌어간다. 이것을 도식으로 나타내면 A→B→B의 공감→A→B→B의 공감→A→B의 B→공감 순으로 말을 하는 것을 말한다.

화자가 말을 하고 있는데 상대방이 말을 시작해서 얼마간 동시에 말을 하는 경우가 생기는데 이를 대화의 중복이라고 한다. 대화의 중복은 대화의 시작이나 새로운 화제가 도입되었을 때, 자기가 먼저 대화를 시작하려고 여러 사람이 동시에 말하는 경우나 화자의 말이 끝난 것으로 알고 다음 화자가 대화를 시작했지만 현재 화자가 말을 계속 하는 경우가 있다. 또한 화자가 말하는 것의 부족함이나 잘못된 부분이 발견되었을 때, 바로 자신이 생각하는 바를 덧붙여 말하는 경우나 응답이 늦어져서 또 다른 발언을 시작하는 경우가 해당된다. 이러한 경우 두 사람이 말이 중복되면 의도한 것이 정확히 전달되지 않게 될 뿐만 아니라 분위기도 어색해지게 된다. 1:1:1의 법칙을 지키면 대화 도중에 말하는 도중에 누가 끼어들더라도 바로 자동적으로 조절이 된다. 따라서 대화의 중복 현상이 일어난 경우에는 여유를 가지고 천천히 대화를 함으로써 대화의 중복이 생겨나지 않도록 주의하는 것이 필요하다.

05
여유로운 대화법에 진정성이 묻어난다.

대화를 잘하려면 충분한 여유를 가지고 말을 해야 한다. 조급해지면 말도 빨라지고, 해야 할 말도 놓치게 된다. 여유를 가지고 말한다면 훨씬 더 조리 있고 차분하게 상대를 설득시킬 수도 있을 것이며, 유머나 재치도 자연스레 나오게 된다. 따라서 말을 할 때 흥분하지 않도록 스스로에게 여유를 가지도록 당부해야 하고, 말하는 템포도 스스로가 적절히 조절할 줄 알아야 한다. 일방적으로 속사포처럼 떠들고 사라진다면 그건 말을 한 것이 아니라 소음을 만든 것이다. 최대한 밝은 미소와 여유로운 말이 훨씬 더 말을 잘하는 사람으로 만들어줄 것이다.

H는 학원에서 강사생활을 한다. H는 학생들을 대상으로 강의를 하다 보니 자연적으로 말을 잘하였다. 그러나 H는 말을 일사천리로 거침없이 해야 하는 습관 때문에 사람들과의 대화에서 항상 말이 빠른 편이

었다. 문제는 자신은 습관적으로 말을 잘하는 것이라고 생각해서 말을 하지만 듣는 사람들은 너무 빠르다는 생각을 들게 하였다. H가 말하는 것을 들은 사람들은 심지어

"숨이 막히겠다."

"언제 말이 끝나는지 기다리는 것이 힘들었다."는 말을 하였다.

대화란 상대방에 대한 서비스의 연속이다. 따라서 여유있는 마음으로 천천히 대화를 해야지 화자가 전달하고자 하는 내용을 충분히 전달할 수 있다. 만약에 급한 마음으로 대화를 하다보면 자칫 여유를 잃고 기게 됨은 물론 말이 빨라져서 상대방이 이해하기 어려운 때가 많다. 이는 대화를 정해진 잘해야 하거나 빨리 끝내야 한다는 초조감 때문인 경우가 많다. 따라서 아무리 말을 잘한다고 해도 여유를 가지고 일관된 흐름과 요점을 간결, 명확하게 전달하는 습관을 키워야 대화를 잘한다는 말을 듣게 된다.

아무리 달변이라 해도 요점이 명확하지 않고, 장황하게 늘어놓기만 한다면 상대를 설득하기 어렵다. 먼저 대화의 목표를 명확히 설정하고, 전달하고자 하는 핵심적인 사항을 일관된 논리 하에 간결하고, 명확하게 전달해야 한다.

06
확신을 주는 대화법

　명언을 많이 남긴 로버트 H. 쉴러는 사람들은 자신감있게 대화하는 사람을 좋아한다고 하였다. 자신감이 넘치는 사람에게는 쉽게 신뢰감이 생기고 믿음이 가기 때문이라고 한다. 실제로도 대화하고 싶은 사람을 꼽으라면 자신감있는 사람을 꼽는다. 듣는 사람들은 자신감있게 대화하는 사람의 말을 듣기를 원한다. 좋아하는 이유를 보면 자신감있는 화자가 말하는 것은 뭔가 비전과 희망이 있는 것 같이 의미있게 들린다고 말한다. 반면에 소심하고 부정적인 화자는 상대방의 호감을 얻기 어렵고 대화가 성공하기 어렵다. 부정적인 말은 자기 자신뿐만 아니라 주위에 있는 모든 사람에게까지도 실패와 위기의식을 불어넣는 위험한 대화가 된다.

　말할 때 가장 경계해야할 것은 주눅 들지 않도록 하는 것이다. 여러 사람 앞에서 말할 때 음성이 떨린다던가, 약간은 무서운 상사 앞에 서면 머리가 하얗게 비고 혀가 굳어지는 것을 경험했을 것이다. 아무리 연습을 많이 해도 주눅을 털어 버리지 못하면 의사를 충분히 전달할 수 없습니다. 자기 스스로 마인드 콘트롤을 할 수 있어야 한다.

　M과 J는 직장 동료다. M은 매사에 거침없이 자신감있는 표현을 즐

겨 쓴다. M은 항상

"나는 할 수 있다."

"모든 일일 잘될 것이다."

"나는 행복하다."

"이렇게 하면 돼"

"나는 원하는 일마다 잘 해결된다."와 같은 말을 자주 사용하였다.

때로는 남들에게 거만하게 보일 수 있지만 사람들은 M을 만나면 항상 힘을 얻었다. 그래서 M를 만나는 사람들은 항상 행복하였고, 그래서 M의 주변에는 사람들이 모여들었다.

그러나 J는 항상 자신감없는 부정적인 표현을 많이 하였다. J는 M과는 대조적으로 항상

"나는 하는 일마다 잘 안돼"

"나는 자신이 없어"

"어떻게 해야지"

"나는 가진게 없어"와 같은 말을 자주 사용하였다.

사람들은 J를 만나면 힘을 뺏기기 시작하여 J를 만나려면 부담감을 갖게 되었고 결국 J는 주변에서 진심으로 걱정하는 사람들이 사라지게 되었다.

이처럼 말하는 능력에서 자신감은 50% 이상을 성공을 보장한다. 그

러나 자신감에 찬 말이라고 해서 무조건 다 좋은 것은 아니다. 틀리거나 부정확한 얘길 자신감있게 해서는 안된다. 정확한 얘기를 자신 있게 하면 상대로 하여금 훨씬 더 높은 신뢰감을 얻게 된다. 아울러 설득도 쉽게 된다. 같은 말이라도 자신 있게 하는 것과 그렇지 않은 것은 차이가 크다. 절대 끝말을 흐려서는 안되고, 부정확한 발음으로 말을 해서는 안된다. 또박또박 자신의 말을 정확하게 자신 있게 전달하도록 노력해야 한다.

자신감에 찬 화자가 되기 위해서는 화자가 자기 대화내용에 대한 확신을 갖고 그를 통해서 소정의 목적을 달성할 수 있다는 것을 굳게 믿는다면 어떤 대화도 성공할 수 있다. 즉 자신감있는 대화는 무엇보다 신념과 확신에 찬 언행으로 대화하는 것이 대단히 중요하다. 특히 도입 부분부터 화자의 신념에 찬 목소리로 하는 대화로 상대방을 압도할 수 있으면 신뢰감을 전달하는 대화가 될 수 있다.

말하다 조금씩 실수한다고 뭐라고 할 사람도 없다. 자신감을 가지고 과감하게 말하는 것이 필요하다. 그렇다고 큰소리 뻥뻥치라는 얘기는 아니다. 자신감은 소리가 크고 작고의 문제가 아닌, 명확하고 당당함의 문제인 것이다.

07

생각하고 말하는 대화법

사람들은 대화 중에 머릿속에서 즉흥적으로 떠오르는 말을 입으로 내뱉는 데에는 한계가 있다. 말을 잘하는 사람들은 대개 미리 대화의 내용을 먼저 그려보고 말을 한다. 대화를 앞두고 미리 머릿속으로 "내가 어떻게 말하면, 상대방이 어떻게 반응하거나 얘기할 것인지, 그에 따라 난 어떻게 얘기해야할지" 등을 미리 그려보는 것이다.

j씨는 많은 사람들에게 인정받고 존경받는 사람이다. j씨를 좋아하는 사람들을 보면 성별, 연령 구분이 없다. 또래의 친구들은 물론 선배, 후배, 나이 많은 여성, 젊은 여성, 어린아이들까지 누구나 j씨를 좋아한다. 그를 좋아하는 이유는 그는 말을 예쁘게 하기 때문에 말에서 묻어나는 적이 있을 수 없다. 항상 큰 소리로 웃는 100만불짜리의 웃음소리를 지니고 있으며 목소리의 톤이 나지막하기 때문에 다정다감하고 말이 빠르지 않기 때문에 편안함을 줄 수 있으며 더욱 신뢰감을 주는 것은 상대방에게 쉽게 함부로 말하지 않는다는 점이다. 대화를 할 때만큼은 어떠한 상황이든 급하게 답하지 않으며 결과론 적인 이야기를 쉽게 던지지 않으며 상대방의 마음을 살펴주며 말한다는 것이 j씨의 큰 장점이다.

그래서 j씨는 많은 사람들과 진솔한 친구가 될 수 있다. 성별과 관계

없이 선배, 후배, 동료 모두에게 환영받으며 진솔하게 소통할 수 있다라는 것은 인생을 살아가는데 큰 재산이 될 것이다.

 j씨는 말에 대한 중요성을 잘 알고 있으며 항상 생각하고 말하는 것이 습관처럼 되어있다. 많은 사람앞에서 인사말이나 의견을 나눌 때도 역시 있는 그대로의 진솔한 이야기를 생각해 두었다가 자신만의 특색있는 자연스러움으로 스토리텔링의 감동을 전해준다. 미리 대화할 내용을 일일이 준비해서 말할 수는 없어도 쉽게 즉흥적으로 말하는 습관만 바꾸어도 우리는 대화의 달인이 될수 있다.

08
신뢰감은 마음의 문을 여는 대화의 열쇠

 처음 만나는 사람일수록 대화가 성공적으로 이루어지려면 신뢰의 관계를 만들어 나가야 한다. 상대방 간에 믿음이 형성되어 있지 않다면 좋은 대화는 시작하기 어렵다. 또한 대화과정 중에서도 신뢰감을 얻지 못한다면 상대방이 마음의 문을 열지 않게 되거나 화자의 말에 대하여 불신하거나 받아들이지 않게 된다.

 신뢰감 형성이란 상대방이 화자에 대해서 마음의 문을 열고 있는지, 화자가 말한 것에 대하여 동의를 하고 그대로 받아들일 수 있는지 등을 예의 주시해서 보면서 화자에 대하여 긍정적으로 생각하도록 마음의 문을 여는 작업을 말한다.

대화에서 신뢰감을 형성하기 위해서는 먼저 상대방에 대한 이해와 상대방에 대해서 존중하는 하는 모습을 지속적으로 보여주어야 한다.

상대방에 대한 이해란 자신이 직접 경험하지 않고도 다른 사람의 감정과 상황을 거의 같은 내용과 수준으로 이해하는 것을 말한다. 대화에 있어서 상대방에 대한 이해가 바탕이 되지 못한다면 화자는 상대방의 상황이나 감정을 이해하지 못하기 때문에 효율적인 대화가 이루어지기 어렵다. 상대방에 대한 이해라는 것은 상대방이 말하는 내용에서 관찰될 수 있는 것으로 부터 대화과정 내내 상대방의 감정, 태도 및 신념처럼 쉽게 나타나지 않는 것까지도 정확하게 분석하여 이해하도록 노력해야 한다.

상대방은 화자가 자신에 대하여 충분히 이해하고 있음이 전달되면 화자를 보다 신뢰하게 되어 상대방이 마음의 문을 여는데 도움이 된다. 이를 위해서는 내용을 잘 듣고 있을 뿐 아니라 심층적 느낌까지도 이해하려고 노력한다는 사실을 상대방에게 보여주려고 노력해야 한다.

때로는 반대 의견의 표현과 상대에 대한 인격적 거부가 서로 다르다는 점을 상대에게 깨닫게 하는 것도 상대방에 대한 존중을 촉진하는 계기가 된다. 반대 의견을 표현할 때는 미소를 띠고 침착하면서도 부드러운 목소리 등의 비언어적 수단을 통해 온정이나 배려가 전달된다는 느낌을 주어야 한다. 대화에서 신뢰감을 형성하는 데는 무엇보다도 상대방을 한 인격체로 대한다는 기본자세가 중요하다.

또한 만남에서 헤어짐까지 성실성을 가지고 대해야 한다. 성실성이란 정성스럽고 진실된 품성을 말한다. 화자는 대화 과정 내내 성실성을 가지고 대화과정을 수행해야 한다. 이것이 바로 일관적 성실성이다. 화자는 대화 과정에서 시종일관 상대방에게 진실되고, 개방적이고, 정직하고, 신뢰로운 사람임을 보이려고 노력하는 것이 필요하다. 그렇다고 화자의 모든 감정을 모두 있는 그대로 표현할 것을 요구하는 것은 아니고 말한 것이 진실되고 일관성이 있어야 한다는 것이다.

그러나 우리는 일상생활에서 남을 배려한다는 마음에서, 부정적인 반응을 초래하리라고 예측되는 감정표현을 자제하거나 회피하거나 심지어는 거짓말을 하는 경우가 많다. 그러나 이러한 비솔직성이 오히려 나쁜 부정적 결과를 가져온다는 것은 명심해야 한다. 따라서 대화과정 중에서 상대방의 변화가 마음에 들지 않거나 태도가 마음에 들지 않는다면 솔직하게 말해서 문제를 해결하게 하는 것도 중요하다.

09

마음열고 들어가는 길

대화에는 순서가 있다. 순서에 맞는 대화는 자연스러운 분위기를 만들어 준다. 그러나 순서에 맞지 않는 대화는 어색한 분우기를 만들어 준다. 따라서 어떤 사람을 만나든 대화의 순서를 생각하면서 하면 좋은 인간관계를 맺을 수 있다.

● 처음이 끝을 지배한다.

사람은 누구나 처음 만날 때는 잘 모르는 사람간의 만남에서 시작하기 때문에 처음에는 서먹서먹할 수밖에 없다. 이러한 분위기를 일식시킬 수 있는 것이 바로 친밀감이며 그것은 바로 대화를 통해서 가능하다. 따라서 사람과의 첫만남의 시작단계에서 대화는 친밀감을 높이는데 매우 중요하다.

친밀감을 높이는 대화 방법에는 보통 다섯 가지의 단계가 있다.
첫째, 친밀감을 높이려면 일상적인 대화로 시작한다. 일성적인 대화는 일상생활에서 흔히 일어 날 수 있는 일을 주제로 대화 하는 것이다. 일상적인 대화는 대화 능력이 부족한 사람도 특별한 기술이 없기 때문에 누구나 쉽게 할 수 있는 것이다.

● 처음에는 어색함을 깨기 위해 일상적인 가벼운 이야기로 대화를 푼다.

"오늘 날씨가 참 좋네요"

"오는데 비가 많이 옵니다"

"오다 보니 꽃이 활짝 피었습니다"

● 상대방에 대한 관심을 표현하기 위하여 상대방이 하는 것을 본 후 물어 본다.

"뭘 읽고 계시나요?"

"오시는데 차가 많이 막혔지요?"

"식사는 하셨나요?"

"어느 쪽에서 오셨나요?"

둘째, 친밀감을 높이기 위해서는 공감대를 형성할 수 있는 대화로 시작해야 한다. 화자와 상대방이 빨리 친해지려면 공감대를 찾아서 대화를 나누는 것이 좋다. 예를 들면 우리나라 사람들이 만나면 하는 학연, 지연, 혈연을 찾는 것도 공감대를 갖기 위해서 하는 것처럼 빠르게 공감대를 찾아서 하게 되면 친밀감을 높이는데 도움이 된다.

● 공감대를 갖기 위하여 같이했던 활동에 대해 거론한다.

"전에 같이 본 영화장면 같네요"

"전에 같이 살았잖아요"

"전에 외국 여행을 같이 했던 추억이 아직도 기억에 남아요"

셋째, 친밀감을 높이려면 서로를 생각해주는 대화로 시작한다. 처음 만나서 친밀감을 높이려는 대화방법은 상대방에 대한 배려로 대화를 시작하는 것이다. 예를 들면 상대방에 대한 칭찬거리로 대화를 시작하거나, 만나게 된 것에 대한 기쁨이나 감사를 전하는 대화로 시작하면 서로가 마음의 문을 열고 친밀감을 나눌 수 있다.

● 상대방을 인정하는 의미에서 타인의 외양이나 행동을 칭찬한다.

"오늘 따라 옷이 참 어울리네요"

"건강이 좋아 보이시네요"

"참 미인이시네요"

● 만나게 된 것에 대한 기쁨이나 감사를 전한다.

"뵙고 싶었는데 드디어 뵙게 되네요"

"만나뵈어서 참 행복합니다."

"말씀만 들었는데 이렇게 뵙게 되니 반갑습니다"

● 대화가 유지되면 반은 성공한 것이다.

일단 대화가 시작되었다면 그 대화를 성공적으로 이끌기 위해서는 대화를 유지하는 방법을 알아야 한다. 대화를 유지하기 위해서는 일반적으로 1번 말하고 1번 듣는 균형의 원리와 교환의 원리를 지켜야 한다. 결국 대화를 성공적으로 유지하기 위해서는 균등하게 대화를 주고받아야 한다.

● 자신의 의견을 보여준다.

상대방의 대화에 대하여 맞장구를 친다. 상대방이 말을 하면 그 말에 대하여 공감으로 이해하고 있다는 것을 보이기 위하여 후렴을 해주거나 맞장구를 쳐주면 상대방은 말하는 것이 신나서 더 많은 말을 하게 된다. 맞장구를 보여주면 상대방의 말을 잘 들어주고 그대로 반복하거나 주제를 더 보완하거나 다른 주제에 연결 역할을 한다. 그러나 막연한 맞장구보다는 상황이나 때에 맞는 맞장구를 쳐주어어야 한다.

"우와" "정말이니 역시 넌 최고다. 그래서 다음에는 뭘 할건데?"

"네 상당히 좋은 생각이군요"

"네 맞아요"

"그렇지요"

"정말 대단해요"

● **개방질문(open question)을 한다.**

대화를 지속적으로 유지하는 방법 중에는 질문을 하는 방법이 좋다. 그러나 폐쇄형 질문을 하게 말을 하는 사람은 선택에 있어서 머뭇거리거나 대화에 대하여 불편함을 느끼게 된다. 따라서 질문은 개방형 질문을 함으로써 화자에게 선택의 기회를 줌으로써 대화를 더욱 재미있게 해줄 필요가 있다.

"파란색이 좋지"보다 "어느 색이 좋니?"

"설렁탕을 먹지요"보다는 "무엇을 먹으면 좋을까요?"

"내가 화요일과 금요일 밖에는 시간이 없는데 어느 날이 적당하세요" 보다는 "어떤 날이 편하신지요?"

● **상대방이 싫증을 내는 기색이 보이면 자연스럽게 대화를 전환한다.**

대화를 하다보면 상대방이 나의 말에 대하여 재미없어 하거나 싫증을 내는 경우가 있다. 그러나 이러한 상황을 무시하고 대화를 계속 진행한다면 대화가 단절되거나 상대방이 마음의 문을 닫게 되어서 오히려 역효과가 나기 쉽다. 따라서 상대방이 나의 대화에 대하여 싫증을 내는 기색이 보이면 자연스럽게 대화를 전환하는 것이 좋다.

"그 말씀을 하니 다른 이야기가 생각나는군요"
"생각해보니 좀 더 재미있는 이야기가 있군요"
"아까는 미술에 대해서 이야기 했는데 이제는 음악에 대해서 대화를 나누어 볼까요?'

● 화자의 개인적인 정보, 견해, 공동의 경험을 나누면 대화가 더 의미 있게 된다.

사람은 누구나 자신에 대해서 관심을 가져 주면 좋아한다. 따라서 대화를 유지하기 위해서는 화자에 대한 관심을 나타내는 뜻으로 화자의 개인적인 정보, 견해, 경험을 나누면 대화의 유지에 도움이 된다.

개인적인 정보 "다른 분에게 말씀을 들으니 미술에도 조예가 깊으시다면서요?"
견해 "제가 생각해서는 참으로 잘하신 것 같아요"

경험 "전에 그 집에서 먹었던 김치찌개가 맛있지 않았었나요?"

● 완벽한 성공을 원하면 마무리를 잘해야 한다.

좋은 호감을 가지고 있음을 암시하고 항상 인식하고 있다는 것을 알리는 것은 상대방에게 즐거운 관심이 될 수 있다. 따라서 대화를 하면서 상대방에게 좋은 감정을 가지고 있음을 자주 나타내는 것은 상대방의 마음속에 있는 얼음을 녹일 수 있다.

"오늘 이야기를 들어보니 당신이 맘에 드는 군요. 다음에 또 찾아뵙고 싶군요"
"참으로 감명을 받았습니다. 살아가면서 도움이 될 거 같습니다."

● 상대방과의 만남에 대한 기쁨을 최대한 표시한다.

"오늘 선생님 덕분에 참 즐겁게 얘기 나누었습니다."
"오늘 뜻밖에 많이 배웠습니다. 기억에 남는 만남이 될 것 같습니다."

● 상대방을 기분 나쁘지 않게 대화를 자연스럽게 끝내기 위한 방법

-모임 장소에서 다른 사람을 당신이 얘기하고 있던 이에게 소개한다.
-주변을 정리한다.

-슬쩍 당신 시계를 보아 갈 시간임을 암시한다.

-약속이 있어서 가봐야 한다고 하고, 다시 만날 것을 제의한다.

10
대화 환경이 절반은 좌우한다.

　화자에게 마음의 문을 열고 대화를 시작하게 할 수 있는 첫 단계는 이야기할 수 있는 적당한 장소와 시간이다. 올바른 환경은 상대방이 노출하기 편안하고 공유할 수 있도록 조성한다. 이러한 요구를 들어주는 환경조성방법으로서 다음과 같다.

● 산만한 주위로 부터 벗어난다.

　이야기 할 수 있는 사적인 장소를 마련한 후에 될 수 있는 대로 주위에 산만한 것을 없애도록 한다. 식당, 커피숍, 복도 등은 타인의 방해를 받을 수 있다. 전화벨이 울리지 않는 사무실이 좋다. 화자가 계속 시계를 보면서 TV나 신문을 보면서 앉아 있는 것은 상대방으로 하여금 산만하게 만든다.

● 소음으로부터 격리한다.

　지속적인 소음은 주위산만을 일으킬 수도 안 일으킬 수도 있다. 지속적인 숨소리, 기계소리, 다른 기구 작동소리 등은 배경소리가 된다. 개인의 동통호소 등은 커뮤니케이션을 위하여 방해가 된다. 상대방에게는 심각하게 감지되므로 조용한 환경조성이 필요하다.

● 친근한 공간을 조성한다.

　일반적으로 안전감을 주기 때문에 작은 방이 큰 방보다 낫다. 책상과 의자가 있어야 하며, 거리는 친밀감을 줄 정도로 하는 것이 좋으며 너무 가까이 위협을 주지 않는다. 중간에 책꽂이나 테이블은 없는 것이 좋다.

● 자신을 이미지메이킹한다.

　보통 사람들은 처음 만나서 약 3~10초라는 눈 깜박하는 사이에 얼굴 표정과 외모, 말 한마디를 통해서 상대방을 평가하게 된다고 말한다. 대화를 받는 상대방은 좋은 이미지를 가진 화자를 원한다. 따라서 화자는 자신의 업무를 성공적으로 완수하기 위하여 만나는 모든 사람들에게 호감과 만족을 주어야 한다.

　또한 화자는 전문가로서 자신의 이미지를 자신의 직업이나 신분, 맡은 역할에 가장 잘 어울리도록 자신을 나타내야 한다. 이러한 자신의 전문적인 직업에 어울리는 프로 이미지는 상대방에게 신뢰감을 준다.

11
말의 의미를 되새기면
더 가까이 갈 수 있다.

　사람들은 정서적으로 솔직하지 못하게 자신을 표현하는 경우가 많다. 특히 처음 만나는 사람이면 더욱 그렇다. 자기 현실은 그렇지 않음에도 자신을 좋게 보이려는 의도이기 때문이다. 인터넷에 떠도는 무심코 던진 말 한마디의 의미라는 것을 읽은 적이 있다. 이 내용을 좀 더 각색해서 보면 사람이 하는 말에는 표면적인 의미보다는 내면적인 의미가 많다는 것을 의미하고 있다. 실생활에서도 상대방이 표현하는 대화를 놓고 이런 생각을 해보면 재미있을 것 같다.

　처음 만났는데 "어디서 많이 뵌분 같아요."라는 말은, 상대방에 대해서 친해지고 싶다는 의미를 내포하고 있으며,
　만났다가 헤어질 때 "나중에 연락할께요"라는 말은, "그냥 헤어지면 섭섭하기 때문에 의미없이 던진말이므로 기다려서는 안된다"는 의미를 내포하고 있으며,

너무 사랑해서 죽고 못사는 연인사이에서 하나가 먼저 "나 먼저 갈께"라는 말은, "나 집에 가기 싫으니까 나를 제발 잡아줘라"는 의미를 내포하고 있으며,

어제 술자리에서 술을 많이 마시고 출근한 사람이 하는 사람이 "나 어제 필름이 끊겼나봐"라는 말은, "창피하니까 술 마신 이야기는 꺼내지 말라"는 의미를 내포하고 있으며,

무엇을 질문하는 사람에게 하는 "왜 그게 궁금하세요?"라고 하는 말은, 대답하고 싶지 않으니 묻지 말라는 의미를 내포하고 있으며,

오랜만에 만난 사람에게 하는 "잘 지내고 있었어?" 라는 말은, "네가 많이 보고 싶었어"라는 의미를 내포하고 있으며,

남자들이 여성에게 하는 "그냥"이라는 말은, "나는 네가 좋아!"라는 의미를 내포하고 있으며,

"당신은 좋아 보이네" 라는 말은, "나는 현재 별로 행복하지 않아"라는 의미를 내포하고 있으며,

이별 뒤에 만나서 하는 "요즘 당신은 뭐하면서 지내?" 라는 말은, "당신이 많이 보고 싶었어"라는 의미를 내포하고 있으며,

이별 뒤에 만나서 하는 "좋은 사람 만났니?" 라는 말은, "나는 아무리 찾아봐도 너만큼 좋은 사람이 없더라" 라는 의미를 내포하고 있으며,

연인들이 헤어지는 자리에서 하는 "행복해라" 라는 말은, "다시 한번 생각해서 나에게 돌아오면 안되겠니?"라는 의미를 내포하고 있으며,

연인들이 헤어지면서 하는 "가끔 내 생각나면 연락해" 라는 말은, "나는 네가 무척 그리울거야" 라는 의미를 내포하고 있다.

이처럼 대화중에는 상대방이 표현하는 표면적인 대화에만 신경쓰지 말고 내면적으로 어떤 의미를 전달하려는지 주의 깊게 관찰하면서 대화를 하면 성공적인 대화를 이끌어 나갈 수 있다.

말을 많이 한다는 것과 잘 한다는 것은 별개이다.
- 소포클레스 -

12
형식적으로 하는 칭찬은 감동이 없다.

칭찬이 중요한 이유는 여러 가지가 있지만, 특히 대화에 있어서 칭찬이 중요한 이유는 불가능을 가능으로 만들기 때문이다. 바보 온달에게 지혜로운 평강공주의 칭찬과 믿음은 훌륭한 장군이 되게 하였고, 듣지도 보지도 말도 못하던 헬렌 켈러에게 설리반 선생의 진심어린 칭찬은 기적을 만들어 준 사실만 보아도 칭찬은 사람을 기분 좋게 만들뿐만 아니라 건강하게 만든다.

의학적으로 칭찬을 받으면 각종 면역강화물질의 분비를 촉진시킨다. 이는 다시 뇌로 피드백 되어 불필요한 스트레스 호르몬의 분비를 억제시킨다. 그 결과 자율신경계가 늘 편안한 상태에 있어 최적의 신체 상태를 유지하기 때문에, 건강한 몸을 유지할 수 있을 뿐이 아니라 목표 달성을 위하여 노력할 수 있는 자세를 만들어 준다.

이밖에도 칭찬의 장점은 끝이 없다. 칭찬은 상대방을 정서적으로 긍정적인 상태에 놓이게 함으로써 자신감을 주어 강하게 만들어 준다. 또한 칭찬은 듣는 사람만이 좋은 것이 아니라 하는 사람에게도 신뢰감을 주고 좋은 사람이라는 인식을 갖게 해줌으로 좋은 인간관계를 맺게 해준다. 또한 칭찬은 전염성이 강해서 상대방을 긍정적인 마음을 만들어 주기도 하지만 사람들에게 기쁨을 준다. 이러한 긍정적인 마음과 기쁨을 느낀 사람은 칭찬의 중요성을 깨닫게 되어 다른 사람을 칭찬하려고 한다. 따라서 화자의 칭찬을 받은 상대방은 주변 동료를 칭찬하고, 이웃을 칭찬하고, 나아가 인간관계가 좋아진다.

이처럼 칭찬이 좋다는 것은 다 알지만 칭찬을 잘하는 사람은 드물다. 칭찬을 해보지 않던 사람이 어색하게 하면 오히려 역효과가 나는 경우도 있다. 칭찬은 받아본 사람만이 할 수 있으며, 연습을 할수록 잘하기 때문이다. 칭찬을 잘하는 방법은 다음과 같다.

● 평범하고 하기 쉬운 칭찬부터 시작한다.

칭찬의 시작은 가장 하기 쉬운 칭찬부터 시작하는 것이 좋다. 상대방이 매번 잘해오던 일이어서 당연히 그러려니 했던 사소한 일부터 하나하나 칭찬하는 것이 중요하다.

● 왜 칭찬을 하는지 구체적인 이유를 말해준다.

칭찬을 할 때는 구체적으로 이유를 말해주는 것이 중요하다. 이렇게 해야 상대방은 어떤 이유로 자신이 칭찬받았는지 분명하게 알 수 있고 이후에도 같은 행동을 계속하게 된다.

예) 화자가 주어진 목표를 상대방이 달성했을 때 "당신이 내말을 잘 따라주니까 고맙고 대견합니다."라고 말할 수 있다. 반면 목표를 주지 않았는데 스스로 일을 처리했다면 "알아서 목표를 달성했군요. 참 잘하셨어요."라는 식으로 짚어가며 칭찬을 할 수 있다.

● 성공한 결과보다는 과정을 칭찬한다.

결과에만 초점을 맞추어 칭찬하게 되면 대화 과정 동안 초조감을 느끼기 쉽다. 그리고 열심히 수행하다도 일이 제대로 성사되지 않으면 좌절을 느끼기 쉽다. 따라서 과정도 중요하다는 칭찬을 해주어 결과가 나쁘더라도 현재의 상황에 만족할 수 있게 해주어야 한다.

예) 결과를 중시한 칭찬 : "당신이 목표를 달성하여 참 기쁩니다."
과정을 중시한 칭찬 : "이렇게 목표가 달성한 것은 지금까지 고생을 한 댓가입니다."

● 말뿐만 아니라 몸으로 칭찬해준다.

칭찬을 말로만 하면 상대방은 칭찬을 농담으로 생각하기 쉽다. 칭찬이 진실된 것처럼 인식하게 하려면 몸으로도 칭찬을 해야 한다. 때로는 열 마디 말보다 몸짓 하나가 더 강렬하고 함축적인 의미를 표현할 때가 있다. 상대방의 손을 꼭 잡아주거나, 따뜻하게 꼭 안아주기, 정감어린 눈빛 보내기 등 다양한 방법으로 표현할 수 있다. 이런 행동에는 "나는 당신을 신뢰한다.", "지금 당신의 행동은 너무 자랑스럽다."라는 말이 포함되어 있다는 걸 상대방이 느끼게 해야 한다.

● 즉시 칭찬한다.

칭찬에도 적절한 타이밍이 있다. 칭찬받을 행동을 했을 때 즉시 칭찬을 해주는 것이 가장 좋고 효과도 크다. 즉시 칭찬하지 않고 한참 지난 후에 화자의 기분이 좋아졌을 때 칭찬하면 그 의미는 반감되며 상대방은 화자의 기분이 좋아져야 칭찬을 받는다고 생각할 수도 있다. 그래서 행동할 때 화자의 감정 상태부터 살피는 역효과가 나타나기도 한다.

● 스스로 한 일에 대해서는 더욱 많이 칭찬한다.

칭찬을 많이 하려는 이유 중의 하나는 상대방이 스스로 할 일을 하게 하려는 데 있다. 그러므로 화자가 상대방에게 시키지 않았는데 상대방이 원하는 행동을 스스로 알아서 했을 때에는 더욱 많이 칭찬해주는 것이 필요하다. 이는 상대방에게 성공할 수 있는 능력이 자라고 있다는 증거이기도 하므로 최고의 찬사를 해주어도 아깝지 않다.

● 약속을 지켰을 때에도 칭찬은 필수다.

보통 자신이 정한 일을 잘 따라주었을 때는 칭찬을 해주지만 하지 말라고 한 일을 하지 않았을 때에는 당연하게 여기는 경우가 많다. 상대방에게 하지 말라는 말을 한 후에도 관심 있게 지켜보다가 상대방이 정말 그 행동을 하지 않을 때에는 칭찬을 해줘야 한다. 그래야 상대방의 행동이 지속될 수 있다.

칭찬을 받아들이는데도 요령이 있다. 칭찬은 상대방에 대한 호감의 표현이다. 따라서 칭찬을 잘못 받아들이면 오히려 분위기가 이상해지고 서먹서먹한 관계로 가기 싶다. 따라서 칭찬을 받으면 상대방에게 감사의 표시를 해야 한다. 칭찬을 받아들이는 것은 상대방의 호의에 대한 감사의 표시가 된다. 따라서 칭찬을 받게 되면 상대방에게 칭찬에 대해

품위 있게 간단한 대답과 함께 받아들임으로써 상대방이 다음에도 칭찬을 하기가 용이하게 만들어야 한다.

"감사합니다."보다 "좋은 말씀을 해주셔서 힘이 납니다."

그러나 "전혀 아닌데요.", "잘못보신 것 같아요"라는 말을 하게 되면 칭찬을 거절하는 것이 되고 결국 상대방의 견해를 무시해서 상대방은 더 이상 다른 칭찬을 하지 못하게 만드는 요인이 된다.

13
격려는 에너지를 주는 말의 힘이다. 칭찬과 격려는 다르다.

칭찬과 격려는 상대방의 대화 목표를 달성하는데 중요한 동기유발 수단이다. 따라서 칭찬과 격려는 거의 비슷해 보인다. 그러나 엄연히 칭찬과 격려에는 차이가 있다.

칭찬은 대체로 남보다 잘했을 때, 최고일 때 하게 된다. 또한 남보다 잘한 것이 너무 대견해서 다음에 또 잘하라고 칭찬을 하게 된다. 즉, 성공했을 때 주어지게 되는 것이다. 그러나 격려는 아주 작은 것일지라도 열심히 노력한 것에 대해 주어지는 것이다. 실패했을 지라도 노력한 데 대해 주어지는 것이 격려인 것이다. 즉, 칭찬에는 경쟁정신이 포함되어 있고, 격려에는 협동정신이 포함되어 있다.

격려는 아무 때나 하는 것이 아니라 적시에, 올바른 생각이나 행동을 했을 때, 알맞게 하는 것이 가장 효과적이다. 격려는 항상 필요한 것이기도 하지만 특히 상대방이 자신감을 잃어 도전할 마음이 없을 때, 실천하던 일이 잘 풀리지 않아 곤경에 빠진 때, 쉬울 일인 줄 알고 시작했는데 일이 어려워졌을 때, 기대 수준이 높았는데 기대가 낮아졌을 때 필요하다. 이러한 상황에 빠지면 상대방은 어느 방향으로 자신의 생각이나 행동을 바꾸어가야 할지 몰라 어려움을 겪으며, 심지어는 좌절에 빠진다.

그러나 격려가 좋다고 남발하는 것은 삼가야 한다. 격려의 남발은 오히려 상대방이 어려운 일에 맞닥드렸을 때 혼자 해결하려고 하지 않고 화자의 도움을 받으려 하기 때문이다. 도전하는 대신 쉬운 일을 해서 칭찬만 받으려 하기 때문이다. 심하면 모든 일에 대하여 의지하려는 마음이 앞서게 된다.

● 상대방을 자신있게 하는 격려

- 당신은 참으로 굉장한 사람입니다.
- 당신은 정말 굉장한 일을 했습니다.
- 당신은 정말 놀라운 능력을 가지고 있습니다.
- 나는 당신을 자랑스럽게 생각하고 있습니다.

- 정말 좋은 시도였습니다.

- 나는 당신을 믿습니다.

- 당신은 무엇이든지 할 수 있습니다.

- 당신은 참으로 사려가 깊습니다.

- 당신은 참으로 영리해하군요.

- 나는 당신을 항상 믿습니다.

- 정직하게 말씀해주셔서 감사합니다.

- 당신은 오늘 내 기분을 밝게 만들었습니다.

- 나는 항상 당신과 함께 하고 있습니다.

- 나는 당신과 함께 성공의 계단을 오르고 싶습니다.

- 나는 당신을 만난 것이 행운이었습니다.

● 스티그마 효과

 사람에게 격려와 칭찬을 통해서 변화를 가져오는 피그말리온 효과와는 반대로 부정적인 암시나 태도, 선입관을 가지고 대하면 그에 부응하는 행동으로 반응한다는 스티그마 효과는 낙인 효과라고 하기도 한다. 스티그마(Stigma)는 시뻘겋게 달군 인두로 가축에게 낙인을 찍는 것을 말한다.

 전과자 같은 좋지 않은 과거 경력이 현재의 인물 평가에 미치고 나

뿐 사람으로 낙인 받으면 의식적 무의식적으로 그리 행동한다는 것이다. 낙인 효과는 열린 공간보다는 구성원들이 제한되고 한정된 공간일수록, 구성원이 긴밀한 관계일수록 더욱 강한 효과를 보인다. 이 이론은 원래 범죄학 이론에 낙인 이론(labeling theory)에서 왔다. 1960년대에 등장한 이론으로, 제도, 관습, 규범, 법규 등 사회를 유지하기 위한 기본적인 제도적 장치들이 오히려 범죄를 유발한다는 이론이다. 사회적 규범에서 볼때 어떤 특정인의 행위가 이 규범에서 벗어났을 경우, 구성원들이 단지 도덕적인 이유만으로 나쁜 행위라고 규정하고 당사자를 일탈자로 낙인찍으면 결국 그 사람은 범죄자가 되고 만다. 당사자의 행위 자체가 범죄가 되거나 반도덕적 행위가 아님에도 불구하고 사회가 그렇게 규정함으로써 범죄를 유발하게 되는 것이다.

낙인효과는 낙인이론에서 유래한 용어로, 범죄학 뿐 아니라 교육학, 사회학, 심리학, 정치학, 경제학 등에서도 쓰인다. 예를 들어 어린아이를 보고 주위에서 '바보'라고 낙인찍어 보면 이 아이는 갈수록 의기소침해지면서 자신이 진짜 바보인 줄 의심하게 되어 결국은 진짜 바보가 될 수도 있다.

대화에 있어서 낙인 이론은 무서운 것이다. 대화도 하기 전에 '자 사람은 나쁜 사람이야'라고 규정해 버리면 더 이상 대화가 진행되지 못할 뿐만 아니라 대화 자체가 이루어지지 못한다. 따라서 과거의 한두 가지 일 때문에 다른 사람을 규정해 버리는 것은 옳지 않은 일이다.

14
직관에 의한 정확한 판단 또한 대화에서 중요하다.

직관이란 판단, 추론 등의 매개 없이 대상을 직접 인식하는 작용을 말한다. 즉 뇌의 사고 작용을 거치고 않고 상대방의 대화내용이나 행동을 보고 바로 판단하는 것이다. 뜨거운 물건을 만지게 되면 자기도 모르게 반사적인 행동이 나오듯이 직관은 생각하지 않고 바로 행동으로 옮겨지는 것이다. 직관이 가능한 것은 직관을 가능하게 하는 힘이 잠재의식 속에 존재하기 때문이다. 잠재의식에는 이미 많은 기준이나 방법을 가지고 있기 때문에 자동적으로 판단이 가능해지는 것이다.

대화과정에서 화자가 신속하게 판단을 내려서 결론을 내려주어야 하는데도 신중한 것이 지나쳐서 갈팡질팡하는 모습을 보이면 상대방이 혼란에 빠지고 무기력해질 수 있기 때문이다. 빌 게이츠는 "자주 직관에 의지하라"고 충고했다. 때로는 직관의 힘이 놀랄 만큼 정확하게 우리를 옳은 방향으로 이끈다는 것이다.

직관이 항상 옳은 것은 아니다. 수학과 과학의 역사에서 직관은 중요한 역할을 하기도 했지만 많은 경우에서 혼동에 빠뜨리고, 잘못 이끌기도 하였다. 그러나 때로는 무의식이 의식보다 효과적일 때가 있기 때문이다.

신중한 성격을 가진 사람의 특징 중에 하나는 지나친 정보 수집과 긴 결정과정을 갖는다. 신중한 것이 위험 부담을 줄여주기는 하지만, 시간을 지체하는 것은 오히려 위험을 증대시키기도 하다. Good to Great 저자 짐 콜린스 역시 "유능한 경영인은 결정이 아무리 힘들고 어렵더라도 결코 미루지 않는다. 실패한 결정 10개중 8개는 판단을 잘못 해서가 아니라 '제 때' 결정을 못 내렸기 때문에 실패한 것이다"라고 하여 신속한 의사결정의 중요성을 강조하고 있다.

경우에 따라서는 합리적, 참여에 의한 의사결정 룰을 따르기보다 화자의 통찰력과 직관에 의존한 의사결정을 즐겨 내려야 한다. 당연히 거기에 따른 책임도 당연히 즐길 수 있어야 한다. 역사상 위대한 의사결정은 대부분 직관에 의한 것이다.

그러나 직관은 순간적인 판단에 의해서 이루어지는 것이므로 상당한 주의를 하면서 내려야 한다. 직관은 상대방이 생각, 느낌, 행동이 말하는 것과 다를 때, 말하는 것이 행동하는 것과 다를 때, 그리고 상대방의 생각과 타인의 생각이 다를 때 사용할 수 있다. 즉 직관은 상대방이 못보고 지나쳐서 상대방을 문제 상황에 그대로 있게 하는 불일치를 검토해 보도록 인도하는 기술이다. 직관 기법은 상대방과 화자의 신뢰 관계가 충분하다고 생각되어질 때까지는 가급적 사용을 하지 않는다. 또한 상대방이 직면을 받아들일 마음의 준비가 되어 있지 않을 때 직관을 사용하면 지금까지 쌓아 온 신뢰 관계가 깨어지기도 하고, 상대방을 파괴하기도 한다.

15 대화를 열 수 있는 키는 공감이다.

공감은 타인의 사고나 감정을 자기의 내부로 옮겨 넣어, 타인의 체험과 동질의 심리적 과정을 만드는 일을 말한다. 다시 말해 공감은 자신과 타인과 사물에 대한 이해의 근원으로서, 다른 사람의 입장에서, 다른 사람의 의미와 감정을 마치 자신이 그 사람인 것처럼 지각하는 상태를 말한다. 그러나 상담과 심리치료에서 공감은 인식하고 지각하는 데서 끝나는 것이 아니라, 그것을 전달해 주는 것도 포함된다. 즉 상대의 입장이 되어 그가 느끼는 것을 표현하는 능동적이고 적극적인 과정인 것이다.

예를 들면 다음과 같은 것이 공감이라 할 수 있다.

"마자요"

"어쩌면 그럴 수가 있어요?"

"나라도 그랬을 거 같아요"

"그것에 대하여 좀 더 이야기해 줄래요?"

"그것 참 재미있네요. 계속해 보세요."

"그 결과 어떻게 되었는지 궁금하네요."

"그것에 대해 좀 더 자세히 말하고 싶지 않나요?"

공감을 해야 하는 이유는 상대방은 심리적으로 극도로 약해 있으며, 때로는 자신에 대해 불확실한 느낌을 갖고 있을 때 더욱 효과가 있다. 따라서 화자가 상대방과 대화를 나누는 동안, 상대방과는 다르지만 상대방의 입장이 되어 상대방의 방식대로 그의 세계를 수용지각하고 그 생각과 느낌을 표현해주는 주는 것이 공감이다.

공감은 상대방에게 자신의 말이 주의 깊게 경청되고 있음을 전달하는 방법이며 이를 통해 상대방의 방어심리가 축소되어 개방적인 표현이 보다 촉진된다. 공감을 느끼기 시작하면 상대방은 부정적인 생각이나 감정도 수용된다는 생각을 하게 되어 자신의 부정적인 감정도 받아들일 수 있게 되어 자신을 더 많이 노출함으로써 의사소통이 더욱 촉진되고, 관계가 더욱 촉진적이 된다.

공감보다 더 확실한 반응은 동의라고 할 수 있다. 동의는 의사나 의견을 같이하거나 상대방의 행위를 승인하거나 시인해 주는 것을 말한다. 동의는 상대방의 생각과 행동을 긍정적으로 평가해 주는 것이 되어 상대방을 더욱 솔직하고 편안하게 해준다.

따라서 화자의 동의는 상대방 자신의 생각대로 결론을 내리는데 도움을 주며, 나아가 화자에 대하여 같은 생각을 갖는 사람이라는 생각에 마음의 문을 열고 대화에 참여하게 하는 역할을 한다.

"꼭 맞습니다"

"저도 그렇게 생각해요"

"옳습니다."

"제가 원하던 대답이네요."

"제가 찾아 헤매던 정답입니다."

그러나 공감의 일종에는 '동정(同情)'이 있는데 엄격한 의미에서 동정과 공감은 구별되어야 한다. 동정은 타인의 사고·감정을 승인하고 상대에게 적극적인 감정을 지니는 것으로, 거기에는 보다 깊은 인간관계가 포함된다.

● 공감의 기능

- 서로에 대한 이해가 증가하여 친밀한 관계를 형성하게 하여 대인관계를 발달시켜 준다.
- 서로에 대한 이해가 갈등을 해소시켜 주며 관계를 더욱 견고히 하게 해준다.

- 남을 이해하는 마음이 커져 이타적 동기를 유발하여 공동체적인 사회 행동을 증가시킨다.
- 남을 의식하고 배려함으로 인하여 비행행동이 감소된다.
- 공감의 폭이 넓을수록 사회에 적응하기가 쉽다.
- 공감 받는 사람은 공감 받는 동안 자신이 인류와 세상과 연결되어 있다는 것을 발견하게 되어 고립감이 없어진다.
- 자신이 인간으로서 가치 있는 존재라고 느끼게 해준다.
- 자기 수용 가능성이 점점 증대된다.

16 상쾌, 유쾌, 통쾌한 대화법 – 명료화

명료화란 화자가 상대방의 말에 대한 이해가 정확하지 않을 때나, 의사소통의 단절이 일어났을 때 이를 회복하려는 시도이다. 명료화 행위는 명료화를 요구하는 화자의 행위와 화자의 명료화 요구에 반응하는 상대방의 행위로 나누어 볼 수 있다.

명료화는 대화과정에서 상대방의 이야기를 높은 수준의 구체성으로 강화해 줌으로써 상대방의 문제에 관한 구체적으로 반응하는데 도움을 준다. 화자가 상대방의 문제와 관련하여 분명하고도 상세한 반응을 할 수 있게 해줌으로써 결국에는 상대방도 자신의 문제를 명료화하게 된다.

먼저 명료화 요구란 상대방의 메시지에 대해 상대방이 긍정적인 피드백을 제공해 대화를 지속시키려는 화자의 시도이다. 즉, 화자가 상대방의 메시지를 잘 이해하지 못했을 때 화자는 상대방에게 명료화를 요구함으로써 의사소통의 단절을 막으려 한다. 화자가 상대방의 대화를 잠시 멈추고 상대방에게 원래 메시지의 의미를 명백히 해주길 요청한다. 그러면 상대방은 화자가 잘 이해하지 못한 원래 메시지, 즉 전체 문장이나 명사구 또는 동사구에 대해 다시 의미를 전달해 준다. 이렇게 화자가 명료화를 요구했을 때 상대방은 이에 적절히 반응함으로써 대화를 유지하게 된다.

예를 들면 다음과 같다.

"죄송하지만 지금 말씀하신 것이 이런 뜻이 맞는지요?"

"잠시만요. 지금 선생님께서 말씀하신 내용을 이렇게 이해해도 괜찮습니까?"

"죄송하지만 지금 제가 조금 잘못 들은 것 같은데 다시 한번만 말씀해주시겠습니까?

명료화 요구에 대한 반응은 대화중에 화자에 의해 표현된 요구에 대해 상대방이 보이는 반응이다. 상대방이 화자의 다양한 명료화 요구에 적절히 반응한다는 것은 상대방이 의사소통을 계속하려는 노력을 해 화자가 자신의 메시지를 어느 정도 이해했는가를 살피고 화자의 명료화 요구의 구조와 의미를 이해한다는 것이다. 그리고 그 명료화 요구의 다양한 형태에 부합되는 전략을 소유하고 있어 이러한 전략을 화자의 이해를 돕기 위해 기꺼이 사용하게 된다.

효과적인 의사소통을 위한 명료화 행위는 언어습득의 한 요소로 다른 언어요소의 발달과 더불어 발달한다.

눈치 못 채게 설득하고
군 소리없이 거절하기

말이 있기에 사람은 짐승보다 낫다.
그러나 바르게 말하지 않으면 짐승이 그대보다 나을 것이다.

- 사아디 고레스탄 -

01
직접적 표현보다 은근하게 표현한다.

상대방과 내가 대화하는 과정에서 서로 의견이 충돌할 때가 종종 있기 마련이다. 또한 내가 가진 관점을 상대방이 수용하도록 해야 할 때가 있다. 이럴 때 필요한 것이 바로 상대방을 설득하는 기술인 것이다. 거절은 상대방의 요구나 제의 따위를 받아들이지 않고 물리치는 것을 말한다. 상대방을 가장 잘 설득하고 불만없이 거절하는 방법은 본인이 설득이나 거절당하고 있다는 것을 깨닫지 못한 상태에서 하는 것이다.

중국인들이 자주 쓰는 '우회 전술'이나 손자병법의 주요 병법 중의 하나로 우직지계(迂直之計)가 있다. '남보다 늦게 출발했지만(後人發) 먼저 도착할 것이다(先人至)'라는 우직지계(迂直之計)의 효과는 비록 병법에서 적군과 요충지를 다투는 전술로 사용되었지만, 설득이나 거절을 위한 지혜에도 적용할 수 있을 것이다.

아우슈비츠에서 살아남은 철학자 빅터 프랑클(Victor Frankle)은 나치의 잔인함을 대놓고 비난하지 않았다. 수용소 생활 모습 하나 하나를 그의 책들 속에 담담하게 그려낼 뿐이다. 굴뚝에서 부모 형제의 시체를 태우는 연기가 나오는 건물 옆에서 일해야 하는 유태인들, 눈을 부릅뜬 시체를 마주하고서도, 너무 배가 고파 허겁지겁 마른 빵조각을 몰아넣는 자신의 처지 등. 그의 글 속에는 '살인마', '악마' 등등의 격한 표현이나 증오는 한마디도 등장하지 않는다. 그럼에도 그의 글을 읽는 독자들은 나치의 만행에 치를 떨게 된다. 이처럼 은근하게 접근하게 되면 직설적으로 말한 것 보다 훨씬 효과적으로 설득을 할 수 있게 된다.

　이처럼 자신의 의도를 상대방에게 관철시키기 위한 설득이나 거절에서도, 내가 말하고 싶은 이야기를 상대방에게 직접적으로 말하는 것은 위험하다. 간접적으로 우회하는 설득은 자신의 약점을 강점으로 만들고, 상대방의 강점을 약점으로 만든다. 이것은 통찰력 있는 사람만이 할 수 있는 고도의 이성적 전략이며 상대방이 스스로 알아차리게 하는 설득의 가장 고차원 방법이다. 때로는 시간이 더디고, 돌아가는 고통이 힘들지만 결국 그 고통은 서로의 이익으로 전환되고, 더욱 빨리 가는 설득의 효과를 가져올 수 있다. 감정을 억제하고 우회하는 것은 분명 힘들지만 가장 뒷탈 없이 상황을 반전시킬 수 있는 강력한 힘을 발휘한다.

02
거절시에도 T.P.O를 확인하여야 한다.

　미래학자 앨빈 토플러(Alvin Toffler)는 그의 명저 <부의 미래>에서 '타이밍이 맞지 않으면 손해를 입고 심지어 망할 수도 있다.'고 했다. 설득이나 거절에 있어서도 마찬가지의 법칙이 적용된다. 타이밍(timing)

이란 동작의 효과가 가장 크게 나타나는 순간 또는 주변의 상황을 보아 좋은 시기를 결정함 즉. '적기(適期)'라고 정의할 수 있다. 사랑고백에도 타이밍이 있다. 너무 빠르면 차이기 십상이고, 너무 느리면 다른 사람에게 뺏길 우려가 있다. 과감성과 용기를 내세워서 고백했다가는 후회할 일이 생기기도 한다. 지금까지의 관계보다 더 악화되어 시간을 더 두었더라면 정말 좋았을 걸이라고 후회해 봤자 이미 놓쳐버린 기차가 된다.

설득도 마찬가지로 이미 상대방이 마음의 문을 닫아 버린 상태에서 하면 아무 효과가 없다. 아직 마음의 문을 닫지 않고 일말의 가능성이 있을 때 설득을 해야 한다. 거절도 마찬가지다. 거절은 상대방의 상황이 최악인 상태에서 하게 되면 거절은 상대방에게 커다란 아픔을 준다. 따라서 상대방의 상황이 거절의 충격을 받지 않을 만큼 여유가 있거나 다른 사람에게 제안을 할 수 있을 때 하는 것이 가장 타이밍을 맞춘 것이라 할 수 있다. 이처럼 사랑 고백이나 설득은 친해진 다음에 해야 하며, 거절은 상대방의 타이밍에 맞춰 절묘하게 하면 의외로 좋은 성과를 거둔다.

03
촌철살인(寸鐵殺人)을 하라.

　현명한 철학의 나라 독일 국민들을 전쟁으로 내몬 선동의 달인이었던 아돌프 히틀러(A. Hilter)가 있다. 그의 연설은 천천히 부드럽게 시작하지만 아무도 눈치 채지 못한 사이에 울부짖음에 가까운 절정에 이른다. 그리고 박수가 터져 나오면 히틀러는 주저 없이 단상을 내려와 버린다. 그의 연설을 들은 사람들은 번개를 맞은 듯이 꼼짝 못하고 서서 열광할 수밖에 없게 되었다. 귀가 들리지 않는 청각 장애인이라도 그의 연설하는 모습만으로도 가슴이 먹먹하다. 그의 연설이 합리적인 독일 국민들을 전쟁에 내몰도록 설득하게 된 비결을 보면 그의 연설은 칼로 무우를 썰듯 단호한 손동작과 명쾌하게 끊어지는 단어들과 군더더기 없는 화술이라고 할 수 있다. 말을 너무 자세하게 하면 오히려 사람들에게 결단력이 없어 보여 설득하기 어렵다. 따라서 대화에서 필요없는 군더더기는 과감하게 생략하는 습관을 들여야 한다.

　촌철살인(寸鐵殺人)이란 원래의 뜻은 '촌(寸)'이란 보통 성인 남자의 손가락 한 마디 길이를 말하며, '철(鐵)'은 쇠로 만든 무기를 뜻한다. 따라서 '촌철'이란 한 치도 못되는 무기를 의미한다. 그러므로 '촌철살인(寸鐵殺人)'이란 날카로운 경구(警句)를 비유한 것으로, 상대편의 허를 찌르는 한 마디 말이 수천 마디의 말을 능가한다는 뜻이 담겨 있다.

중국에서는 지체 높은 집안에 손님이 찾아와 주인과 대화를 나누면 병풍이나 발 뒤에서 가신이 그 대화들을 일일이 기록하였다. 마치 신하가 임금을 알현하여 아뢸 때 사관이 그 대화들을 기록해놓는 것과도 같았다. 지금도 각 집안마다 그런 풍속이 있다면 아마도 더욱 풍성한 기록문화가 형성될지도 모른다. 남송시대 나대경(羅大經)이라는 사람도 그런 식으로 손님들과의 대화를 기록해서 <학림옥로>(鶴林玉露)라는 저서를 남겨놓았다. 하루는 대혜선사(大慧禪師)라는 분이 찾아와서 나대경과 대화를 나누었다. 그는 수레에 병기를 가득 싣고 온다고 해서 사람을 죽일 수 있는 것이 아니라 촌철(寸鐵)만 가지고도 능히 살인할 수 있다고 하였다. 여기서 촌철은 문자적으로는 아주 짧은 칼 같은 무기를 의미하지만, 선사의 입에서 나온 그 문구는 선(禪)의 핵심을 갈파한 것이다. 즉 수천 수만 마디의 말을 한다고 해서 사람을 깨우칠 수 있는 것이 아니라 단 한마디의 말로도 사람을 깨우칠 수 있다는 뜻이다.

오늘날 간단한 한 마디 말과 글로써 상대편의 허를 찔러 당황하게 만들거나 감동시키는 그런 경우를 가리켜 '촌철살인'이라고 하는 이유가 여기에 있다. 한마디로 상대방을 제압하는 기술이야 말로 상대방이 설득당한다는 생각을 하지 않고 설득당할 수 있는 방법이다.

명연설가의 말도 길지 않다. 윈스턴 처칠의 옥스포드 대학에서 한 유명한 연설은 "포기하지 마라"라는 단한마디 였지만 오늘날 명언으로 남아 있다. 따라서 말을 하기 전에 상대방의 심금을 울릴 수 있는 명언

한마디를 찾아내 공략하는 것은 매우 중요하다.

300여년 전 철학자 임마누엘 칸트(I. Kant)의 강의는 항상 인기가 있었다. 그는 항상 재밌고도 흥미진진한 일화로 수강생들의 머리와 마음을 불질렀다. 그의 강의가 항상 인기를 모은 이유는 짧고 분명하게 강의의 핵심을 이야기 하고, 상대방의 눈에 더 들고 싶어 하는 기운이 남아 있을 때 강의를 그칠 줄 알았다. 상대의 허를 찌르거나 감동을 주는 간결하고 명확한 말과 적절할 때 주제를 강렬하게 펼치는 것이 설득의 핵심이라 할 수 있다.

04
누군가에게 영향력을 발휘하고 싶다면 나의 말부터 점검하라.

처음 도전하는 일에 대해서 사람들은 자신감을 갖기가 쉽지 않다. 그래서 성공에 대하여 고민하다 보면 이것이 말하는 동안 자신없어 보이게 하며 무엇보다도 당신을 실패자처럼 볼 수 있다. 따라서 외형적으로 보이는 모습으로 인하여 상대방의 결정에 중요한 영향을 미치므로 설득할 수 있다는 확신과 자신감을 가지고 대화에 임해야 한다. 자신감이 충만한 화자를 보고 상대방은 믿음을 가지게 되며 그들은 당신을 돕기까지 할 것이다.

　자신감이 넘친다고 해서 상대방에게 결론을 제시하지는 말아야 한다. 사람들은 어떤 것에 대한 자신의 경험을 무시하고 결론을 제시해버리면 본능적으로 불쾌한 감정을 표시한다. "당신이 이렇게 산다면 평생 후회할 것이다."라고 했다면 만약 상대방이 용기있는 사람이라면 이런 대화는 무슨 일이든 네 멋대로 해보라는 도전으로 받아들일 뿐만 아니라 강하게 반발할 수도 있다. 따라서 어떤 결론은 개인의 주관임을 밝히며 진리가 아닌 경우에는 결론을 제시하는 것은 조심해야 한다.

　가장 중요한 것은 화자의 말을 듣고 상대방이 스스로 하고 싶다는 마음을 들도록 하는 것이 중요하다. 따라서 화자의 주장을 단도직입적으로 요구하는 것은 부담스러워하지만 질서정연하게 증거를 제시함으로써 당신 말을 듣고 있는 상대방을 이끌 수 있다. 여기서의 증거는 다른 사람들이 당신의 입장을 강요당하고 있다고 느끼지 않도록 나타내야 한다.

05
상대방에게 자신의 중요성을 느끼도록 만드는 것

　매우 명료하게 말을 잘하는 사람이라는 인상을 주는 것은 종종 진실성이 없고 업무적이라는 것 때문에 상대방이 예상 밖의 반응을 보이기 쉽다. 명연설가들은 자신의 대화가 사람들을 감동시키고 있다고 생각할지도 모르지만, 지적 능력이 부족한 사람들은 갑자기 방어적이고 회의적이게 될 것이다. 따라서 그들이 당신의 생각을 완전히 이해하고, 그것을 자신의 것으로 받아들이기를 원한다면 될 수 있는 대로 저자세를 유지해야만 한다.

　일단 그들이 당신의 관점을 이해하게 된다면. 특히 그들이 당신은 웅변가가 아니며 자신들과 같은 보통사람에 지나지 않는다고 느끼게 된다면, 그들은 당신이 하는 말을 이해하게 되고 심지어는 당신을 돕기까지 할 것이다.

　프로같이 말할 수 있는 능력이 있다면 대화를 주도하기보다는 상대방으로 하여금 화자가 아직 하지 못한 말이 많다는 궁금증을 느끼게 만들어야 한다. 대화가 끝난 후에 모든 것을 다 알았다는 것은 관심을 더 이상 가질 수 없다. 따라서 말이 끝난 후에도 화자가 전달하려는 의미는 무엇인지?, 다음에는 어떤 주제로 말할 것인가?에 대한 기대를 가지게 하는 것이 좋다. 따라서 많은 것들 중 약간의 것만 이야기하고 있다는 것을 그들에게 암시해서 그것이 무엇일까를 스스로 고민해서 선택하게 하는 것도 좋은 설득이나 거절 방법이 될 수 있다.

인간의 선택이나 행동을 촉진하는 데 중요한 법칙이 하나있다. 이 법칙을 충실히 따를 수만 있다면 대부분의 설득이나 거절에서 오는 갈등을 피할 수가 있으며 이것을 지킬 수만 있다면 인간관계를 개선해 나가고 삶을 윤택하게 할 수 있다. 이 법칙을 카네기(D. Carnegie)는 "상대방에게 자신의 중요성을 느끼도록 만드는 것"이라고 하였다. 이 욕구는 인간과 동물을 구별짓는 경계선이며 인류의 문명도 이런 인간의 욕망에 의해 발전되어 왔다. 인간이라면 누구나 주위 사람들로부터 인정받기를 원한다. 따라서 화자는 상대방에게 칭찬을 통해 장점을 발견하게 하고 그것을 인정한다면 상대방은 매우 긍정적으로 받아들이게 된다. 따라서 칭찬을 해주게 되면 자기도 모르게 설득되는 것이다.

06
행동화할 수 있도록 촉구하라.

대화를 통해서 상대방이 설득하려는 마음을 결정하였을 때는 구체적인 실행 방법까지 함께 알려주어야 한다. 의외로 사람들은 마음의 결정을 하였어도 구체적인 실행에 옮기는 데는 뜸을 들이기 쉽다. 실행에 옮기는 방법을 모르기 때문이다. 따라서 결정한 마음을 행동으로 옮기기 위해서는 자세한 안내나 쉽게 실행하는 구체적인 방법을 알려주어 따르도록 하는 것이 좋다.

대화를 통해서 예스라는 확답을 얻어내는 것은 쉽지 않을 수 있다. 그러나 더욱 어려운 것은 예스라는 응답에 대하여 실제로 행동으로 옮겨질 수 있도록 해야 한다. 애써서 예스라는 응답을 받아 놓은 상태에서 실제로 행동으로 옮겨지지 않는다면 수고를 한 것에 의미가 없다. '예스'라는 대답을 받아내는 데 그치지 말고 실제 행동으로 옮겨질 수 있도록 촉하라.

또한 '예스'라는 대답을 들은 뒤에는 반드시 고마움을 표시해야 한다. 우리는 가끔 목표가 뚜렷하면 목표를 관철시키는 데만 신경을 쓰게 된다. 그러다 보면 상대방이 화자의 의도대로 선택을 하더라도 선택 자체에 대한 기쁨으로 인하여 고마움을 표하지 못하는 경우가 있다. 그러나 이런 실수가 다음의 대화에 결정적인 부정적인 영향을 끼칠 수 있다. 따라서 '예스'라는 대답을 들은 뒤에는 고마움을 표시하는 것을 잘해야 좋은 결과가 온다.

07

유형별 설득 대화법

흔히 "어떤 사람도 내 맘 같지 않아"라고 말들 한다. 당연하다. 수많은 세계의 사람들은 각기 저마다 자라온 환경, 직업, 성격, 교육 등에 따라 천차 만별인게 당연하다. 자기 방식대로 생각하고, 결정하고, 행동하는 것은 오랜 시간 만들어진 정체성이며 습관이므로 누군가의 한마디로 인해 쉽게 바뀌거나 설득되지 않는다. 그렇기 때문에 당신은 A형, 나는 B형 이라고 결정지어 그 틀에 넣는다는 것은 결론적으로 불가능하다. 그럼에도 불구하고 나와 다른 사람들의 유형에 대해 알고 싶고, 그런 사람들을 설득해야만 할 때가 있다.

너무나 다른 개성을 단 몇 개의 카테고리로 압축하는 것은 다소 위험이 따를 수도 있지만

어느 정도 유형별 분류를 통해 일반적인 성향을 파악하고 이에 따른 예측 가능한 설득법을 숙지하는 것은 매우 유익한 일일 것이다.

● 관계가 있나요? 관계지향적사교형 :

감성적사교형은 무엇보다도 인간 상호관계에 대해 중시 여긴다. 효과적인 커뮤니케이션의 방법을 의식적이거나 무의식적으로 알고 있는 사람들이기에 각종 모임을 개최하거나 참여하기를 좋아한다. 그들은

상대방을 휘어잡는 뛰어난 커뮤니케이션 능력과 유쾌한 카리스마로 처해진 상황 통제 능력을 갖추고 있는 편에 속한다. 반면에 지나치게 사교적인 사람은 굉장히 장황한 수다를 늘어놓거나 말도 빠른 편에 속하며, 때로는 자신들이 느끼는 바를 솔직하게 말하기 때문에 자신도 모르는 사이에 다른 사람의 비위나 감정을 상하게 하는 경우도 있다.

▶ 설득 포인트 : 직접적인 성과 위주의 설득보다는 사람과의 우호관계의 향상이라는 측면에서 관계 지향적 가치를 강조한다. 사교적이고 우호적인 것을 좋아하기 때문에 여러 사람과 만날 수 있는 모임 등에서 여러 사람과 의견을 물어갈 수 있도록 대중심리를 이용한다. 사안에 대한 각 대안이 어떤 가치를 가지고 있으며, 그것이 사람들에게 어떤 영향을 미치는지 피력한다. 열성적으로 수집된 개인적 정보에 의하여 의견을 제시하고 먼저 동의의 요점을 제시한다. 핵심을 돌리지 말고 바로 말하되, 회합 시 사람과의 관련성을 찾는다.

● 이것 봐! 내가 맞잖아! 쇼맨쉽 잘난체형

남의 눈에 띄기 좋아하는 유형으로 주인공으로 대접을 받지 못하면 참지 못하는 유형이 이에 해당한다. 자신의 신상에 관한 일중 잘된 일을 확대해서 말하기도 한다. 심한 경우 남을 몰아내려고 모사를 꾸미는 형이기도 하다. 은근히 야심가의 일면도 가지고 있다. 여러 사람의 의견에 따라가는 것을 자존심 상해하기도 한다. 이들은 자신만의 나침반을 갖고 움직이기 때문에 자신들이 설득 당했다는 느낌을 싫어한다.

▶ **설득 포인트** : 상대가 이야기할 기회를 많이 줘서 자기 만족감을 느끼게 해준다. 공헌에 직접적 보상을 하고 많은 사람 앞에서 감사의 표현을 하면 효과 백배. 행동을 비평하기 전에 먼저 존중해야 하며 비평적 피드백이 불가피 할 때는 조심스레 제공해야 한다. 역으로 고의로 실수를 해서 그것을 지적할 기회를 주면 의외로 좋은 결과가 나오기도 한다. 칭찬의 효과를 가장 쉽고 높게 볼 수 있는 유형이다. 설득을 위해 사용할 수 있는 단어로는 '유일', '멘토', '역시', '가치', '반응', '기회', '관계'등을 들 수 있다.

● 데이터 없인 못살아! 사색 논리형

매사에 이론적으로 분석하는 능력이 탁월하다. 좀처럼 틈을 보이지 않기 때문에 친해지기 어려운 인상을 준다. 교과서적인 경우도 많아서 재미없다는 인상을 주기도 한다. '생각이 깊다', '명석', '논리를 중시한다', '이론파' 등의 평가가 많다. 데이터가 뒷받침된 자료에 대해 큰 관심을 나타내는 반면, 위험을 피하려는 경향이 매우 강할 뿐 아니라 최종 판단까지 많은 시간이 걸린다. 열성적인 독서광이 많다.

▶ **설득 포인트** : 논리적인 방법으로 접근하는 것이 중요하다. 상대의 논점을 사전에 철저히 파악해야 승산이 있다. 시장 조사, 케이스 스터디, 비용 및 효과분석 등 가능한 한 많은 정보를 수집해 이를 근거로 설득하는 것이 가장 효과적이다. 이런 유형은 비교 데이터를 많이 요구하기 때문에 한 가지 정보만으로는 설득이 쉽지 않다. 특히 상황을 빠짐없이 이해하려고는 노력하지만 의사결정형과는 달리 어떻게든 위험을 피하려고 하는 성향이 있다. 따라서 설득할 때에는 우려되는 사항을 솔직하게 전달하는 것이 무엇보다 중요하다. 이런 유형의 경우 내심 외로움을 타는 경우가 있으므로 먼저 흉금을 털어 놓고 이야기하는 것이 효과적이다.

● **카리스마 짱! 의사결정형** :

자신의 결정에 대해 자신감을 갖고 있고 다른 어떤 사람보다 더 많은 정보를 알고 있다고 생각한다. 주로 '정열가', '카리스마적인 매력' 또는 '달변', '힘으로 상대방을 압도', '불굴의 정신' 등의 단어로 평가되고 있는 의사결정형은 새로운 아이디어에 많은 관심을 가지고 있으면서 다양한 정보를 근거로 최종 판단을 내리는 경향이 있다. 자신의 언행에 책임을 지는 것은 물론, 위험을 취하는 데에도 주저하지 않으며, 객관적인 정보와 사실을 매우 중요시한다.

▶ **설득 포인트** : 성과에 초점을 맞추면서 알기 쉬운 설명과 솔직함을 전면에 내세우는 것이 바람직하다. 논쟁적 대화는 금물이며 강요당하고 있다는 인식을 받지 않도록 주의해야 한다. 쉬운 단어를 이용해 단도직입적으로 논지를 전달하고 차트 등을 이용하여 시각적으로 설명하는 것이 효과적이다. 또 위험가능성에 대해서도 솔직하게 설명하고 위험을 최소화할 수 있는 방법을 설명하는 것이 바람직하다. 그러나 성격이 급한 경우가 많으므로 핵심 사안을 먼저 설명하는 것이 좋다. 자신을 낮추고 상대방의 자존심을 만족시켜 주면서 스스로 선택하도록 정보 제공에 충실하는 편이 효과적이다.

● 왠만해서 못 믿어! 독선적딴지형 :

모든 데이터에 의심의 눈초리를 보내고, 특히 자신의 세계관에 반하는 정보에는 강한 경계심을 가진다. 때로 매우 공격적인 모습을 보이기 때문에 '독선적인 고집불통'으로 평가되는 경우가 많다. 또한 상대에 대한 요구 수준이 높고 알력을 피하려고 하지 않으며, 주위 사람들이 불쾌감을 느끼는 데에 개의치 않고 자신의 생각을 피력하기도 한다. 독선적 딴지형은 돌려가면서 은유적으로 비평을 하기보다는 단도직입적으로 충고를 하므로 솔직한 충고를 들을 수 있다.

▶ **설득 포인트** : 기분을 맞춰 가며 냉정하고 자제된 태도로 이야기한다. 생각하고 경청하면서 흉금을 털어놓으면 예상외로 좋은 결과를 얻을 수 있다. 이러한 유형의 상대를 설득하기 위해서는 높은 신뢰를 획득하는 것이 무엇보다 중요하다. 왜냐하면 이들은 동창생 또는 과거 같은 기업에 근무했던 동료 등 자신과 공통점을 가진 사람들에게 신뢰를 보이는 경향이 강하고 권위자에게도 쉽게 신뢰를 보인다. 따라서 설득을 시작하기 전에 신뢰를 획득하기 위한 방법을 모색해 둘 필요가 있다. 상대방이 신뢰하는 인물에게 소개를 부탁하는 것도 한 방법이다. 이와 같은 독선적딴지형의 의견에 반론을 전개하는 것은 위험이 크기 때문에 신중을 기할 필요가 있다.

● **위험한 건 NO! 안전제일형** :

이들은 무엇인가를 결정할 때 과거 비슷한 사례를 분석하는 습성이 있다.

안전제일형은 유사한 상황에서 과거 자신이 어떠한 의사 결정을 했는지, 신뢰할 수 있는 사람들은 어떻게 생각할지를 기준으로 의사를 결정한다. 특히 잘못된 판단을 내리는 것을 두려워하기 때문에 참신한 정책을 새롭게 도입하는 경우는 드물다. 또 제3자의 관점에서 사물을 바라보는 데에 매우 능숙하며, 자신의 판단에 전적으로 책임을 지려고 노력하는 형이다. 다른 사람을 추종하려는 경향이 있다는 사실조차 인정하려 하지 않으며, 오히려 혁신성과 선견성을 내세우려고 한다.

▶ **설득 포인트** : 안전제일형을 설득할 때는 과거 사례를 잘 활용해야 한다. 중요한 점은 안전제일형을 설득할 때 상대보다 앞서 나가면 안 된다는 것이다. 과거의 성공 사례를 보여주고 그가 판단할 때까지 기다려야 한다.

안전제일형을 납득시키기 위해서는 기존의 성공 사례를 제시하여 판단에 자신을 가질 수 있도록 하는 것이 중요하다. 자기 자신의 능력과 과거의 성과를 내세우는 것은 바람직하지 않으며, 오히려 상대방이 과거에 내린 판단과 그들이 신뢰하는 사람의 판단을 원용하는 것이 바람직하다. 설득을 위해 사용할 수 있는 단어로는 '상세', '신속', '전례에 따라', '전문성', '실적', '성실'등을 들 수 있다.

● 동에 번쩍 서에 번쩍! 밥그릇형

잔꾀가 많고 약삭 빠른 유형이다. 자신에게 조금이라도 불리하면 무조건 회피한다. 귀찮은 일은 슬쩍 빠져나가려고 한다. 이득이 되는 곳에서는 언제나 나타나지만 책임을 지는 일을 부담스러워한다. 제 밥그릇 하나는 정말 잘 챙기는 형이기 때문에 이상론적 발상보다는 실질 이득이 되는 일을 선호한다.

▶ **설득 포인트** : 되도록 부담을 주지 않도록 신경을 쓴다. 구체적이고, 세세하게 표현하고 다짐을 받아 놓는 것이 좋다. 실질적 보상과 혜택을 시간적 근거로 제시를 하면 효과적이다. 창의적 아이디어나 발상 등을 높이 사고, 적용시킬만한 현실적 방법을 찾아보는 노력을 하여 신뢰를 쌓는 것이 중요하다.

● 큰 세상을 위해! 가치공헌형!

관계와 소통을 중시여기는 가치공헌형은 조화로운 조직과 팀을 위해 분위기를 조율하고, 작은 사안에 대해 원인을 밝히기보다 큰 맥락적 대안을 제시하는 유형이다. 따뜻하고 다정하며, 상대의 상황에 대해 직관적으로 인정하고 공감하는 능력이 뛰어나다. 협조와 협력을 지지하기 때문에 개인적 가치보다는 집단의 가치를 지향한다. 자칫 현실과 다소 먼 대안을 제시하여 사람들로 하여금 이상론자라 불리는 경우도 있다.

▶ **설득 포인트** : 관계와 신뢰를 개발하여 그들의 노력을 이해해고 함께 동참하는 것이 좋다. 지나치게 분석적이거나 비판적인 말은 피하고, 조화를 유지해야 한다. 개인적 가치보다는 여러 사람의 가치와 관계를 중시하므로, 나무보다는 숲을 위한 제안을 하면 효과적이다. 그들의 성과나 행위에 대한 보상을 주고 지지한다면, 생각보다 빠른 시간 안에

우호적인 관계가 된다. 협조, 협력, 포괄성을 강조하고 조화를 이룰 수 있는 기회를 제공하라.

08 기분 좋은 거절법

인간관계에서 부탁을 받고 불가피하게 거절해야 할 때처럼 어려운 일도 없을 것이다. 그렇다고 상대방의 사정을 모두 들어줄 수도 없는 것이고 보니 거절할 때 여간 신경이 쓰이는 것이 아니다. 자칫 거절 방법이 좋지 않아 가까웠던 사이가 어색해지기도 하고, 심하면 등을 지게 되기도 한다.

따라서 거절은 신경이 많이 쓰일 수밖에 없다. 그러나 상대를 배려한다고 해서 상대의 모든 부탁을 들어주라는 것도 아니고 거절의 의사를 표현하지 말라는 것은 아니다. 꼭 거절해야 할 일이라면 명확하게 거절해서 상대방의 마음을 돌릴 필요가 있다. 그러나 거절을 할 때에도 최소한의 예의가 있다. 그것은 상대방의 기분이 나쁘지 않게 해야 한다는 것이다.

때로는 부탁하는 사람도 안 될 것을 알면서도 부탁하는 경우가 종종 있다. 이러한 경우 거절은 당연한 것으로 받아들이게 된다. 그러나 다급한 마음에 꼭 이루어졌으면 하는 마음을 가지고 부탁을 하는 경우도 있다. 이런 경우 말이 나오자마자 바로 거절을 해버린다면 상대는 서운한 마음이 배가 될 것이다. 따라서 거절의 뜻은 단호하게 비추되 태도와 표현은 부드럽고 정중하게 해야 한다. 부탁하는 사람을 쉽게 대하는 태도를 보이거나 자신을 과시하는 모습은 상대로 하여금 무시 받는 느낌을 들게 하여 다시는 상종하고 싶지 않을 것이다. 거절을 하더라도 충분히 상대가 대접 받았다는 느낌이 들도록 하여, 어쩔 수 없겠구나 하는 마음이 들게 해야 한다.

예를 들면 상대방이 "지금 급하게 대화를 나누고 싶은데 괜찮으세요?"라고 했는데

화자가 "지금은 시간이 없는데요"라고 말하거나,

화자가 뭐라고 말하고 있는데 "그런 것은 말하지 마세요."

"그런 것은 이야기하고 싶지 않아요?"와 같은 말을 하는 것이 바로 거부다.

거부는 상대방의 느낌이나 그 주제에 대한 이야기를 나누고 싶지 않다는 것으로 표현하는 것이 되기 쉽다. 거부당하는 상대방은 그 대화가 거절당했음과 더불어 자기 자신이 거절당한 느낌을 갖게 된다.

통상 거절하는 태도는 흔히 자신의 약점이 노출되는 것을 막기 위해서, 혹은 증가되는 불안으로부터 방어하기 위해서 사용하게 된다. 이런 반응은 고독, 절망감, 소원감을 강화하며 결국에는 대화의 결과에 영향

을 준다.

따라서 거절을 할 때는 상대방에게 충분히 상황이나 그래야 하는 이유를 인지시킨 후 해야 상대방이 자신에 대한 거부감이 아니라고 생각하여 편안해 질 수 있다.

09 당당하게 거절하는 방법

어쩔 수 없이 거절해야 할 때는 부탁하는 사람이 기분 나쁘지 않으면서도 거절하는 나는 당당할 수 있으면 좋을 것이다. 명확한 거절은 모두의 권리이자 나 자신을 존중하는 것이다. 불편한 상황을 모면하기 위해 명확히 거절을 하지 못하는 경우나 우회적으로 거절하였는데 상대방이 나의 뜻을 잘 이해하지 못하여 나중에 곤란한 상황에 처하는 경우가 종종 있다. 그러나 다음과 같이 한다면 당당하게 거절 할 수 있다.

● *제안에 대해 긍정적으로 인정한다.*

먼저 상대방의 제안에 대한 긍정적 인정을 한다. 그런 다음 정중하게 지금은 그럴 입장(일정, 상황)이 되지 않음을 명시한다. 다른 상황이 어떤 것인지는 굳이 설명하지 않는 것이 좋다.

- "참 좋은 아이디어네요. 그러나 전 당분간 그 일을 할 수가 없네요."
- "아주 훌륭한 상품이군요. 욕심이 날 정도로요. 그러나 지금 당장은 구입할 입장이 아닙니다."
- "굉장히 창조적인 계획이군요. 그러나 지금은 일정이 겹쳐서 당분간 보류해야 할 것 같습니다."

● 생각해 볼 시간을 달라고 한다.

상대의 부탁에 대한 진지한 검토의 시간을 벌어야 한다. 물론 심적으로는 이미 거절하기로 마음을 정했다 하더라도 바로 거절하는 것보다는 성의가 있기 때문에 상대는 무조건 서운 하게 생각하지 않는다.

- "생각해 볼 시간을 좀 주시겠어요?"
- "그것을 검토해 볼 만한 시간이 필요합니다."
- "저는 바로 수락하고 싶지만, 당장 그럴 수는 없으니 또 다른 어떤 방법이 있는지 알아 볼 시간이 필요합니다."

● 확고한 기준이 있음을 알려준다.

자신의 확고하고 일정한 기준이 있다는 것을 명시한다. 이것저것 설명하는 것보다는 단호하게 느껴져 상대도 더 이상 권유하기가 힘들어진다.

- "죄송합니다만, 다른 방법으로 했으면 합니다.
- "죄송합니다만, 그렇게는 하지 않습니다."
- "죄송합니다만, 저녁 술자리는 갖지 않는 것이 제 원칙입니다. 대신 점심 식사를 멋지게 대접하고 싶습니다."
- "죄송합니다만, 저는 일요일에는 일을 하지 않고 월요일날 합니다."

● 상대방을 이해해주면서 거절한다.

거절을 딱부러지게 하기 어려운 경우가 있다. 처음에는 부탁을 하지 않을 것 같이 보이다가 어느 정도 시간이 지나면 자신의 어려운 환경 때문에 한숨만 쉬던 사람이 갑자기 부탁을 하는 경우다. 자신의 부정적 상황을 바탕으로 넌지시 부탁을 하는 경우가 있다. 사실 이런 유형의 부탁이 우리나라 정서에는 가장 뿌리치기 힘든 상황일 것이다. 들어줄 수 있는 부탁이라면 시원하게 수긍을 할 것이지만, 내 자신도 상황이 그리 용이하지 않다면 부득불 거절을 해야 할 것이다. 그럴 경우 상대의 처지에 대한 이해를 충분히 해주면서도 다소 단호한 대응 방법을 택해야 한다.

- "그래요? 정말 안됐네요. 당신이 좋은 해결책을 찾을 수 있기를 바랍니다."
- "참 어렵겠네요. 그런데 저도 부족해서 어쩌지요"
- "그런 일이 있었군요. 딱하게 되었네요. 당신은 분명 해결책을 찾

을 것입니다."

● 대안을 제시할 수도 있다.

딱 부러지게 거절하기는 어렵고, 현재 논의 되고 있는 제안에 대해서는 수락하기는 힘들지만 다른 제안을 제시하면 받아 줄 수 있음을 표시하면 상대방은 기분 나쁘지 않게 거절할 수 있다.

- 화자 : "지금 급하게 대화를 나누고 싶은데 괜찮으세요?"

상대방 : "지금은 제가 급히 다녀와야 할 일이 있는데 다음으로 약속을 잡으면 어떨까요?"

- 화자 : "이 물건을 사주시겠습니까?"

상대방 : "그 물건은 지금 있으니 다음에 다른 물건을 가지고 오시지요"

- 화자 : "이 제안을 받아 주시겠습니까?"

상대방 : "이미 그건은 계약을 했으니까 다른 제안을 가지고 한번 오세요"

● 단호하게 거절한다.

때로는 이런 저런 방법을 쓰느니 가장 단호하게 안 된다는 의사표현을 하는 것이 좋다. 분명한 거절은 괜한 오해의 소지를 없애주고, 서로의 시간을 낭비하지 않게 한다. 확실하게 얘기하지 않는 희미한 태도는 아직도 마음의 결정을 내리지 못한 것처럼 보일 수 있다. 그러나 확고하게 거절을 하더라도 바로 "안 됩니다."하는 것보다는 잠시 사이를 주어 고민하는 모습을 보이는 것이 상대의 감정을 배려하는 모습으로 비춰진다.

- "음! 정말 안 되겠습니다."
- "아무래도 안되겠네요."
- "지금은 죽었다 깨어나도 그럴 수가 없군요."

● 거절시 주의사항

- 거절의 의사표현을 할 때 "미안하다"는 말은 꼭 그렇게 느낄 때만 쓴다.
- 상대가 당신 말을 받아들이지 않을 때는 침묵을 하거나 대화를 끝낼 권리가 있다.
- 일단 거절의 의사표현을 했어도, 당신 맘은 바꿀 수 있다.
- 거절의 의사표현은 조용한 목소리로, 몸짓으로 말해서 상대방을 아프지 않게 한다.

소크라테스의 명언

- 여자의 눈물을 보고 이를 믿지 말라. 왜냐하면 마음대로 되지 않을 때에 우는 것은 여자의 천성이기 때문이다. -
- 선인은 살기 위해서 먹고 마시는 반면, 악인은 먹고 마시기 위해 산다.
- 한가로운 시간은 무엇과도 바꿀 수 없는 재산이다.
- 결혼하는 편이 좋은가, 아니면 하지 않는 편이 좋은가를 묻는다면 나는 어느 편이나 후회할 것이라고 대답하겠다.
- 국가란 어머니와 같은 것이다.
- 명성이란 영웅적 행동이 풍기는 방향(芳香)
- 나는 내가 태어나기 전에는 존재하지 않았다. 그리고 나는 그것에 대해 아무런 두려움도 느끼지 않는다.
- 인간은 신이 소환할 때까지 기다려야 하고 자기 생명을 스스로 빼앗아서는 안된다.
- 세계를 움직이려는 자는 먼저 자신을 움직여야 한다.
- 철학(哲學)은 죽음의 연습이다.
- 반성되지 않은 삶은 살 가치가 없다.
- 약한 자여, 너의 이름은 여자니라.
- 인생의 기간은 짧다. 그 짧은 인생도 천하게 보내기 위해서는 너무

나 길다.
- 현명한 아버지는 자식을 올바르게 알 수 있다.
- 겁쟁이는 죽음에 앞서서 여러 차례 죽지만 용기있는 자는 한번밖에 죽지 않는다.
- 겸손은 범인에게는 한갓 성실이지만, 위대한 재능의 소유자인 사람에게는 위선이다.
- 남자란, 말하며 접근할 때는 봄이지만 결혼해 버리면 겨울이다.
- 남자의 마음은 대리석과 같고 여자의 마음은 밀림과 같다.
- 아름다운 아내를 가진다는 것은 지옥이다.
- 연애과정에서는 방해가 더 열렬한 연정의 동기가 된다.
- 인생의 기간은 짧다. 그 짧은 인생도 천하게 보내기 위해서는 너무나 길다.
- 실수의 변명은 늘 그 변명 때문에 또 하나의 실수를 범하게 된다. 한 가지 과실을 범한 사람이 또 하나 의 거짓말을 하게되는 것은 그 때문이다. 현실은 현실 그대로 받아들이고 처리하는것이 가장 유익하다.

닫힌 대화를 열린대화로 유도하는 방법

입은 화의 문이요, 혀는 이 몸을 베는 칼이다.
입을 닫고 혀를 깊이 간직하면 몸 편안히 간 곳마다 튼
튼하다.
- 전당시 -

01
질문을 잘하는 것도 스피치의 기술이다.

　대화의 핵심은 질문이다. 사람들은 대화를 할 때 통상 두가지 방식 중에서 하나를 선택해서 한다. 그것은 말로 표현하느냐, 아니면 질문을 하느냐이다. 말로 표현하는 것은 말로 끝나 버리지만 질문은 사람을 생각하게 만든다. 사람은 질문을 받으면 인간은 본능적으로 해답을 찾기 위해 생각을 한다. 지금까지 모든 발명과 발견은 질문이 생각을 자극한 결과라고 한다. 뉴튼은 "왜 사과가 나무에서 떨어질까?"를 질문한 결과 만유인력을 발견하였다. 컬럼버스는 "서쪽으로 끝까지 가면 무엇이 나올까?"라는 질문으로 인해 아메리카 대륙을 발견하게 되었다. 레오날드 다빈치는 어떻게 무거운 것을 들을 수 있을까를 질문하여 기중기를 발명하였다.
　또한 질문은 상대방에게 마음을 열게 해주는 역할을 한다. 질문을 받으면 자기에게 관심을 갖는다고 느끼고, 자기에게 관심 가져 주면 사람은 누구나 기분이 좋아진다. 그러면 상대에 대해 경계가 풀리고 자연스럽게 마음이 열리게 된다.
　그 밖에도 질문의 장점은 질문은 귀를 기울이게 한다는 것이다. 일반적으로 대화는 일방적으로 말하게 되고 상대방은 수동적으로 듣기만 하게 된다. 전문가들의 연구에 의하면 사람은 1분 동안에 약180단어를 말할 능력을 가지고 있는데 비해, 생각할 능력은 말하는 능력의 약3배가 되기 때문에 말을 듣는 사람은 화자의 말을 들으면서도 다른 생각을 할 수 밖에는 없다는 것이다. 그래서 오래 이야기할수록 상대방은 귀를 기울여 정성껏 듣지 않고 건성으로 듣게 된다.

그러나 사람은 누구나 질문을 받으면 그 답을 하기위해서 생각을 하게 된다. 결국 열심히 들으려고 할 뿐만 아니라 대화에 능동적으로 참여할 수밖에 없다. 그래서 질문은 상대방에게 다른 생각을 하지 않고 나에게 귀를 기울이게 해준다.

그 외에도 대화만 오고가는 곳에서는 분위기가 어색하고 딱딱하게 되기 쉽다. 이럴 때는 상대방에게 가벼운 질문 하나를 던져 분위기를 일순간 바꿔놓을 수 있다.

일방적인 대화에서 벗어나 상대방의 참여와 사고를 유발할 수 있는 적절한 질문을 사용해야 한다. 이러한 의미에서 화자가 사용하는 여러 가지 질문은 대화의 방향과 질을 결정짓는 중요한 요소가 되는 것이며 질문을 통해 화자는 대화활동에 대한 암시를 주고 상대방으로 하여금 대화에 대하여 의문과 호기심을 갖게 함으로써, 상대방의 대화를 듣고자 하는 의욕을 고취시키고 사고의 폭을 넓혀준다.

02

질문능력이 뛰어나면
상대의 마음속으로 쉽게 들어갈 수 있다.

한 조사에 의하면, 공부시간에 선생님이 학생들한테 1시간 동안 하는 질문은 평균 80번인데 비해, 학생들이 선생님한테 하는 질문은 단 2번에 불과하다는 통계가 있다. 또한, 4살 아이가 엄마한테 하루 동안 하는 질문이 평균 약 300번인데 비해, 그 아이가 대학을 졸업하고 나면 고작 20번으로 줄어든다는 연구결과가 있다. 이를 통해 알 수 있듯이 일상생활 속에서 말은 하되 답을 얻기 위해서 질문은 별로 하지 않는다는 것이다.

통상적으로 질문을 잘하지 않는 이유를 보면 첫째, 우리나라의 교육방법이 주입식 교육이라 습관적이 되었기 때문이다. 둘째, 상대방에게 질문하면 상대방이 불편해 할 것 같다는 고정관념을 가지고 있기 때문이다. 셋째, 질문을 잘못하면 자기의 무지나 허점을 드러난다고 생각하기 때문이다. 그러나 사실은 사람들은 자기에게 뭘 묻는 사람을 가장 좋아하고 심지어는 존경한다고 한다. 그래서 지혜로운 사람은 자기가 알아도 상대방 또는 다른 사람에게 질문한다고 한다.

대부분의 질문 받는 사람은 별로 흥미 없는 물음이라도 성실히 답하려고 한다. 하지만 시시한 질문을 계속 받다보면 대답하는 데도 질리게 마련이다. 결국 재미있는 이야깃거리를 잔뜩 가진 사람을 앞에 두고도 들을 기회를 놓친다. 질문 능력이 뛰어나면 실력이 없어도 흥미로운 이야기를 알아낼 수 있다. 질문이 재미있으면 누구나 어떻게든 가르쳐주고 싶기 때문이다. 또한 질문을 받게 되면 상대방은 생각을 자극하게 되고 능동적인 답변을 해야 한다. 질문을 통해서 상대방에 대한 정보를 얻으며, 대화과정에 대한 통제를 할 수 있다. 그리도 화자의 세련된 질문은 상대방의 마음을 열게 하고, 스스로 설득이 된다.

질문은 사람이나 조직을 변화시킬 수 있는 힘도 가지고 있다. 질문은 질문을 받은 사람이 전혀 새로운 방향, 다시 말하면 전혀 다른 방향으로 생각을 하게 만드는 힘을 갖고 있다. 질문은 질문받은 사람의 생각을 결정하고, 생각은 그 사람의 행동을 결정한다. 따라서 질문하는 사람이 원하는 방향으로 대화를 이끌어 갈 수 있을 뿐만 아니라 그 사람을 변화시킬 수 있는 것이다. 그리고 조직은 결국 사람들로 구성된 것이고, 따라서 사람을 변화시키면 그것이 곧 조직을 변화시키는 것이다. 그러기 위해서는 조직의 모든 구성원들이 '질문'을 으뜸가는 대화도구로 사용하는 것이 중요한다.

상사 혼자 생각하는 조직 보다는 부하 직원으로 하여금 생각하게 하는 질문을 던지는 상사가 있는 조직이 훨씬 더 우수한 성과를 낸다. 그 이유는 리더의 질문이 조직을 변화시킬 수 있기 때문이다.

03
질문에도 체계와 기법이 따로 있다.

질문에는 장점이 많다. 질문형식의 대화는 원활한 의사소통과 합리적인 의사결정 그리고 좋은 인간관계를 맺고 유지하기 위해서 매우 효과적인 대화방식임을 알 수 있다. 뿐만 아니라, 화자가 상대방을 변화하도록 하고, 필요한 답을 찾게 하고, 원하는 목표를 달성하도록 하는 등의 소위 대화의 목적을 달성하기 위해서도 주로 질문형식의 대화를 필수로 사용한다. 이 때 화자가 상대방에게 어떤 질문을, 언제, 어떻게 하느냐? 하는 것이 관건인데, 질문을 잘하기 위해서는 질문의 유형을 정확히 알고 상황에 맞게 사용하면 좋은 대화효과를 가져 올 수 있다.

● 사고를 자극하는 질문

질문 중에서 가장 쉬운 질문을 아는 것을 물어 보는 질문이다. 사고를 자극하는 질문은 이미 상대방이 알고 있었던 내용이나 경험한 사실을 알아보기 위한 질문을 말한다. 사람들은 대화 중에 질문을 받게 되면 "아 이 사람이 대화중에 나에게 관심이 있구나"라고 생각하여 대화 분위기를 긍정적으로 만들어 준다. 그러나 말을 주고받는 대화만한다면 생각을 자극하지 못하여 상대를 점점 수동적이게 만들 뿐만 아니라, 지시나 강요로 이어져 그들의 행동과 습관을 제지하고 억누르는 듯 비칠 수 있다.

사고를 자극하는 질문은 주로 대화의 도입 단계에서 주로 이루어지는 질문이다. 사고를 자극하는 질문은 대화를 편안하게 만들어 주는 역할을 하기 때문이다. 질문의 내용은 상대방이 대개 알고 있거나 잘 알 수 있는 단순한 지식과 사실, 일이나 취미와 관련된 질문, 지난 만남 시 화제와 관련된 질문, 중요한 사건, 건강이나 의상이나 외모에 관련된 질문, 상대방의 최근의 관심분야에 관련된 질문, 계산 결과, 안부, 개인적인 문제 등에 관한 질문으로 일문일답의 형식을 취하는 질문을 말한다.

사고를 자극하는 질문은 상대의 생각을 키워주는 질문이다. 주로 사람들과의 개인적 문제나 상황에 대하여 대화할 때, 아랫사람과 대화할 때, 직원들을 리드할 때, 자녀들과 대화할 때, 고객과의 비즈니스 등에서 상대를 위한 질문을 하면, 상대의 생각을 자극하여 올바른 방향으로의 사고전환과 관점을 바꿀 수 있다.

간단하고 이미 알고 있는 질문은 상대방으로 하여금 질문에 답하면서 공감을 느끼거나 동질성을 느끼게 할 수 있다.

- 안부 : "요즘 잘 지내고 있지?"
- 지난 만남 : "전에 만났던 커피숍이 좋았지요?"
- 사실 : "미국 대통령의 이름은 뭐지요?"
- 취미 : "골프는 주로 어디에서 치시나요?"

- 관심분야 : "어떤 증권을 사셨나요?"
- 경험한 사실 : "오늘 날씨는 어땠어요?"
- 외모 : "요즘 많이 예뻐지신 것 같은데?"
- 계산 : "3+4는 얼마지요?"

● 사고를 촉진하는 질문

사고를 촉진하는 질문은 화자에게 필요한 자료를 모두 제시하지 않은 상황에서 상대방이 자유롭게 자신의 자료를 산출하게 하는 질문이다. 주로 상대방의 사고를 특정한 방향으로 제한할 만큼 충분한 정보를 제공하지 않은 상황에서 세밀화, 확산적 연결, 또는 종합과 같은 조작을 자극한다.

상대방의 사고를 촉진 질문은 자신이 가진 지식, 정보 등을 이용하여 비교, 대조, 구분, 분석, 종합하여 응답하게 하는 질문이다. 따라서 아무렇게나 대답하는 질문이 아니라 상대방이 생각을 깊게 해서 응답을 해야 하는 일종의 문제 해결 수준의 질문이다. 즉, 사고를 촉진 질문은 상대방이 추론하고, 자료를 해석하고, 두 요인 이상간의 관계를 찾아내고, 학습 자료의 핵심 내용을 설명하도록 하는 높은 수준의 질문이다. .

- "에티켓과 매너의 다른 점은 뭐지요?"
- "낫놓고 ㄱ자도 모른다는 것은 뭘까요?"

- "그렇게 놀기만 하면 어떻게 될까요?"
- 세상에 물이 없다면 어떻게 될까요?
- "원숭이가 진화하면 무엇이 될까요?"
- "우유와 설탕을 섞으면 무엇이 될까요?"
- "석탄과 기름이 고갈된다면 어떤 일이 일어날까?"
- "지금 식량이 다 떨어지면 어떻게 될까?"

● 평가하는 질문

평가하는 질문은 사실 문제보다는 가치의 문제를 다루는 질문이다. 판단을 하는 기준이나 준거는 주로 과학적 증거, 합의에 의해서 결정된 것으로, 명시적인 것이거나 내재적 준거와 같은 암시적인 것이다. 상대방이 실험 설계를 구성함에 있어서 방법과 절차를 평가하고, 가치의 문제를 평가하고, 비판하고, 의견을 제시하라는 질문을 받을 때 그들은 평가적 사고를 한다.

평가하는 질문은 질문에 대한 답변을 통해서 새로운 대화의 실마리를 풀어 나가거나 상대방의 가치관이 어떤가를 알아보게 하는 질문이다. 상대방이 답변하는 내용을 들어 보면 상대방의 취향은 무엇이고, 어느 쪽에 가치관을 두고 있는지, 부정적인 성격인지 긍정적인 성격인지를 알 수 있다. 이러한 답변을 통해서 성공적인 대화로 이끌어 가는 기본 자료로 활용하면 좋을 것이다.

- "행복한 삶에는 명예나 부 중 어떤 것이 중요한가?"
- "이번 휴가에는 등산과 바다 어느 곳이 좋을까?"
- "사랑과 우정 중에서 어느 것이 좋을까?"
- "법과 주먹 중에서 어느 것이 가까울까?"

● 미래 질문

미래 질문은 과거의 잘못이나 경험보다는 앞으로의 가능성에 초점을 맞춘 질문이다. 그렇다고 과거의 질문이 전혀 필요 없다는 의미는 아니다. 하지만 질문을 통해서 미래를 미리 생각하게 해봄으로서 미래에 대한 대비를 할 수 있는 질문이다. 미래질문을 잘 이용하면 상대방에게 희망을 주고 가능성을 이끌어내는데 효과적이다.

- "지금까지 어떻게 했나?" 라는 질문보다는
  "앞으로 어떻게 해 나가고 싶은가?"
- "시간관리를 못했지?" 라는 질문보다는
  "앞으로 시간관리를 어떻게 할거지?"

● 긍정 질문

긍정 질문이란, 상대로 하여금 자신감을 심어준다. '아니다.', '안 된다.' 라는 질문은 상대로 하여금 자신감을 상실케 할 뿐만 아니라 가능성을 원천 봉쇄하는 것이다. 긍정 질문은 질문이 더욱 밝고 가능성을 보여주게 된다. 또한 부정 질문은 상대를 질책하는 뜻이 담겨 있으므로 자신을 방어하려고 오히려 일의 추진을 더디게 만든다. 긍정적인 생각이 긍정적인 결과를 만든다.

- "어때서 일이 잘되지 않는가?" 보다는
  "어떻게 하면 일을 잘 처리할 수 있겠는가?"
- "너무 사는 게 어렵지?"
  "어떻게 하면 더 잘 살 수 있을까?"

● 폐쇄형/개방형 질문

질문은 대체로 폐쇄형 질문이거나 아니면 개방형 질문이다. 폐쇄형 질문은 선택이 불가능하고 오직 하나만 선택하도록 하는 질문을 말한다. 반면에 개방형 질문은 사람들로 하여금 생각을 하게 만들고 토의를 이끌어 낸다. 상대방이 함께 참여해서 의견을 교환하게 하며, 심층적인 대답을 요구한다.

폐쇄형 질문은 질문으로 한가지만 선택해야 하므로 모든 일을 해결할 수 없어 사용을 자제해야 한다. 개방형 질문은 조사자가 특정한 질문에 대하여 제한된 지식을 갖고 있으며 응답으로 하여금 광범위한 반응을 얻고 싶을 때, 응답의 범위가 클 것으로 기대될 때, 응답자의 자발적인 응답에 관심이 있을 때, 그리고 응답자의 동기를 좀 더 파고 들어가 보고 싶을 때 유용하다.

그러나 개방형 질문은 제시된 보기를 선택하는 것이 아니므로, 응답 거부율이 높아질 수 있다. 한 질문에 시간이 많이 걸리며, 응답 거부율이 높아질 수 있다.

- 폐쇄형 질문 : "이것이 좋은가요? 아니면 저것이 좋은가요?" 보다는

  개방형 질문 : "이 일을 좀 더 잘하려면 어떤 점을 바꿔야 할까요?"
  "어떻게 그런 결정을 내리게 되었나요?"
- 폐쇄형 질문 : "아빠가 좋지?"보다는

  개방형 질문 : "누가 좋니?"
- 폐쇄형 질문 : "짬뽕 먹을래?"보다는

  개방형 질문 : "무엇을 먹을래?"

04
좋은 질문이 좋은 답변을 가져온다.

화자가 질문을 잘하면 상대방이 답변하기가 쉽지만 질문을 잘못하면 상대방은 오히려 답을 하기가 어렵다. 따라서 질문을 하기는 쉽지만 좋은 질문을 하는 데는 고려할 부분들이 있다. 좋은 질문이 되기 위한 조건들을 따져보면 다음과 같다.

첫째는 질문은 명확하고 간결하게 해야 한다. 질문이 명확하고 간결해야 상대방은 화자의 질문이 무엇을 묻는 것인지를 상대방이 쉽게 이해하여 대답할 수 있다. 또한 질문이 화자가 원하는 응답의 방향과 내용으로 유도할 수 있다. 그러나 질문이 명확하지 못하고 간결하지 못하면 상대방은 화자의 질문 의도를 알지 못해 적절한 답변을 찾느라 고생하게 된다. 따라서 설명적인 장황한 질문이나 이중, 삼중의 중복적인 내용의 질문은 피해야 한다.

둘째는 여러 가지를 물을 때는 질문을 계열화한다. 한꺼번에 여러 가지 질문을 동시에 해야 할 때는 생각나는 대로 임의의 순서로 묻기보다 가장 먼저 질문해야 할 것 부터 차례차례 물어 결론 부분에서 하는 질문 순으로 계열화하는 것이 바람직하다.

셋째는 개인차를 고려하는 질문을 한다. 질문은 상대방의 개인차에 따라 난이도를 고려함으로서 지적능력이 높은 사람에게는 어려운 질문으로 자극을 주어 학습의욕을 일으켜 주고 학습 부진아에게는 쉬운 질문으로 성취감을 경험하도록 하여 자신감을 갖고 참여하도록 하는 것이 바람직하다.

넷째는 생각할 시간을 충분히 준다. 화자는 질문을 하고 일정한 기간을 기다려 주어야 한다. 상대방은 시간을 두고 사고활동의 과정을 통해서 응답이 가능하기 때문이다. 질문에 대해 기다려주어야 하는 적당한 시간으로는 적어도 5~15초 정도는 적당하다. 그러나 상대방이 계속

하여 대답이 없는 경우에도 대신 대답해 버리지 아니하고 오히려 단서나 힌트를 주거나, 문제를 쉽게 설명해 주거나, 또는 비슷한 문제를 예시해 주어 반응을 유도한다.

다섯째, 핵심에서 벗어나지 않아야 한다. 상대가 "다시 한번 말씀해 주시겠어요?"라고 하거나 더 심하면 "그게 이 문제와 무슨 관계가 있죠?"라고 한다면 질문이 핵심에서 벗어나고 있다는 증거이다. 이미 그 정도의 말을 할 정도라면 대화는 서로 다른 방향으로 흘러가고 있다고 해도 과언이 아닐 것이다. 효과적인 질문은 반드시 핵심을 벗어나지 않고 핀트를 잘 맞추어야 가능하다.

여섯째, 상황에 적절해야 한다. 상황이나 타이밍이 부적절한 질문은 상대를 당혹하게 하거나 분위기를 어색하게 만든다. 목적과 상황, 분위기, 타이밍에 부합하게 질문해야 한다. 만약 아차하는 사이에 적절치 않은 질문을 하였다면 재빨리 초점을 되찾아 상황을 반전시켜야 한다. 그러기 위해서는 상대를 미리 파악하고 현상에 대한 깊은 조예가 있어야 가능하다.

일곱째, 질문은 긍정적이고 건설적이어야 한다. 생각을 키워주는 질문을 하기 위해서는 항상 긍정적인 방향으로 이끌어야 한다.

"지각을 반복했을 때 어떤 벌칙을 주어야 할까요?" 하기 보다는 "지각을 하지 않으려면 어떤 좋은 방법이 있을까요?" 라고 한다면 받아들이는 사람도 긍정적인 생각과 답을 제시할 것이다.

위와 같은 점들을 염두해서 질문하기란 깊은 주의력과 섬세함을 요한다. 그러나 이러한 점을 감안하여 주의깊게 질문한다면 상대의 생각을 자극하여 유용한 정보를 얻을 수 있을 뿐 아니라 대화 자체도 훨씬 부드러워짐을 느낄 수 있을 것이다. 답을 미리 정하지 않고 간단명료하며, 핵심을 관 마음의 문을 여는 적절한 열린 질문을 하자.

● 질문시 주의사항

- 너무 빨리 너무 많은 질문을 하지 아니한다.
- 초점이 없거나 추측해서 대답해야 하는 질문은 하지 아니한다.
- 단순한 기계적인 질문은 하지 아니한다.
- 대답을 유도하지 않아야 한다.

질문을 이미 만들어진 답안에 끼워 맞춰서는 생각을 자극하지 못한다.

05
신나게 답변하게 만들기

화자의 질문에 대한 상대방의 답변을 긍정적으로 받아 들여주면 상대방은 신나서 답변을 하게 된다. 그러나 상대방의 답변에 대한 화자의 부정적 태도는 상대방이 더 이상 답변을 성의껏 하지 않게 하거나, 답변에 관심을 갖지 않도록 만들게 된다. 따라서 답변에 대한 응답 결과의 처리에 대하여도 깊은 관심을 기울여야 한다. 특히 상대방의 사고력과 창의력을 신장시키기 위해서는 다양한 답변에 대한 사려(思慮)깊은 응답을 해야 하는데 방법은 다음과 같다.

● 답변은 긍정적 분위기로 수용해야 한다.

질문을 잘하는 것만이 생각을 자극하는 것이 아니라 질문에 대한 답변을 받아들이는 방법에 따라서도 생각을 자극할 수 있다. 화자는 먼저 상대방의 답변이나 생각에 대하여 관심과 호기심을 가지고 귀 기울여 깊게 이해하려고 노력해야 한다. 그래야 적극적인 질문이 비로소 가능해진다. 답변이 어떠한 내용의 것이라도 적어도 잠정적으로는 그것을 수용하고 받아들인다. '맞다', '틀렸다'와 같이 반응할 것이 아니라 '그렇군', '그렇게 생각할 수도 있겠군' 등과 같은 말로 받아들인다. 즉 기를 꺾는 말씨보다는 긍정적인 반응을 많이 하는 것이 좋다.

- (네)가 그렇게 행동하면 (나)는 어떻게 해야 할까?
- (네)가 이 문제를 풀게되면 (나)는 무척 행복할 것 같은데…
- (내)생각은 □한데 (네)생각은 어떤지 말해줄 수 있을까?

질문은 상대방의 사고를 자극할 수 있는 문제점이나 의문, 또는 모순점 등을 제시함으로서 지식 전달의 수단인 단순한 답이나 기억 재생을 위한 질문이 되지 않도록 하여야 한다.

● 성공적인 답변에 대해서는 칭찬과 격려를 아끼지 않는다.

화자의 질문에 대하여 상대방이 답변을 잘하면 그에 대해서는 꼭 칭찬을 아끼지 말고 해야 한다. 또한 상대방의 어려운 부분이나 한계를 이야기하면 그에 적절한 격려를 해주어야 한다. 칭찬과 격려는 상대방에게 의욕강화를 제공하여 다음의 문제 해결에 자신감을 준다. 뿐만 아니라 답변에 대한 응답이 상대방에게 인간적으로 대우를 받고 있다는 생각에 더욱 답변을 잘하게 하는 동기를 유발할 수 있다.

· 상대방 : "저는 자신감이 너무 부족해서 무슨 일이든 닥치게 되면 두려움이 먼저 옵니다."

화자 : "네 누구나 처음에는 그렇습니다. 당신은 대화를 통해서 자신감을 얻어서 무슨 일이든 잘 할 수 있게 될 겁니다."

● 질문에 대한 답변이 틀리면 구체적으로 이야기 해준다.

만약 화자의 질문에 대하여 상대방이 틀린 답변을 하게 되면 무시하거나 핀잔을 주어서는 안된다. 화자는 상대방의 답변에 대하여 틀린 부분을 구체적으로 지적하고 기분 나쁘지 않도록 해결책을 제시해 주는 것이 좋다. 틀렸을 경우라도 격려적 칭찬으로 자기의 결점을 쉽게 찾도록 해야 한다.

· 상대방 : "저는 행복의 가치를 돈이라고 생각합니다."
화자 : "물론 돈이라고 생각할 수도 있지만 돈이라고만 한다면 너무 인생이 각박하잖아요. 그러니까 당신이 가진 능력을 행복의 가치라고 생각하면 어떨까요?"

● 상대방을 편애하지 않고 이야기한다.

다수와 이야기할 때 화자가 편애(偏愛)하여 어떤 상대방의 답변은 받아들이고, 다른 상대방의 답변을 배척한다든가 질책이나 방관하는 등의 불공평한 처리는 상대방의 반감을 불러 온다. 따라서 공평하고 객관적 입장에서 상대방의 모든 말을 수용하고 결과도 같게 평가를 해야 한다.

- 쉽게 할 수 있는 자연스런 분위기 만들기 질문
1. 일과 관련된 질문
2. 취미와 관련된 질문

3. 지난 만남 시 화제와 관련된 질문

4. 요즘의 뜨거운 감자와 관련된 질문

5. 건강에 관련된 질문

6. 의상이나 외모에 관련된 간접 칭찬 질문

7. 상대방의 최근의 관심분야에 관련된 질문

06
경청은 대화의 기본

경청하는 것은 대화스킬에서의 가장 기본이 된다. 좋은 질문과 경청이 대화의 양대 축이다. 한 연구보고에 따르면 85% 이상의 사람들이 경청능력에 있어서 평균 이하였고 5%에도 못 미치는 사람들만이 우수하거나 뛰어나다는 평가를 받았다고 한다. 대부분의 사람들은 남의 말을 잘 들으려 하지 않고 다음에 무슨 말을 할까에 더 신경을 쓰기 때문에 결과적으로 자신이 청취한 전체내용의 25%만을 경청하게 되고 나머지 75%는 그냥 흘려 들어버리게 된다고 한다.

상대가 이야기 하는 동안 딴 생각을 하기 일쑤이거나 듣고 싶은 것만 골라서 듣기도 한다. 화자가 되기 위한 여러 요소들 가운데 가장 중요한 것이 경청의 기술이다. 경청은 단순히 남의 말을 듣는 것이 아니라, 두 귀로 상대방을 설득하는 방법이다. 한자로 청(聽) 자에는 귀 이(耳)와 임금 왕(王)이 들어있다. 귀를 왕처럼 크게 열라는 의미이다. 눈목(目)자가 있고, 그 아래 일심(一心)이 있다. 눈을 똑바로 뜨고 마음까지 열어서 보라는 의미이다. 듣는 것이라는 행위가 얼마나 큰 의미를 가진 행위인지 한자의 구성요소만 봐도 알 수 있다.

경청의 방법 중에서 가장 쉬운 방법은 화자가 말할 때 침묵으로 받아 주는 방법이다. 침묵은 소극적 경청이라고도 하며, 경청 중에 아무런 말도 하지 않은 것은 수용한다는 것을 말해 준다. 소극적 경청은 상대방으로 하여금 더 많은 이야기를 털어놓도록 격려해 주는 효과적인 비언어적인 메시지이다. 화자가 말을 많이 하면 상대방은 자신의 문제를 이야기할 수 없다. 내가 침묵하면서 상대방의 이야기를 수용하면서 경청하면 공감과 온정을 전달할 수가 있다.

또한 경청의 방법 중 상대방에 대해 깊은 관심이 있다는 것을 표현하려면 상대방이 이야기하는 동안에 깊은 관심을 기울이고 있다는 메시지를 전달해 주어야 한다. 예를 들면 고개를 끄덕이는 것, 몸을 약간 상대방 쪽으로 기울이는 것, 미소를 짓는 것, 얼굴에 표정을 나타내는 것, 그 외의 몸짓을 적절히 사용하면 상대방으로 하여금 내가 정말 듣고 있다는 사실을 느끼게 해준다.

경청의 방법 중에서 가장 효과적인 경청을 적극적인 경청이라 한다.

효과적인 경청은 훨씬 더 많은 상호작용을 일으킬 수 있어야 하고 화자는 단순히 듣기만 하는 것이 아니라 상대방의 속마음을 정확히 이해하고 그 증거를 제시할 수 있어야 한다.

상대방을 경청하는 가장 효율적인 기술은 메시지를 표현하지 않고 다만 상대방이 말한 메시지를 그대로 반영해 주거나 다시 상대방의 반응을 반복해서 확인하는 종류의 언어적인 반응이라고 할 수 있다

"아 그랬군요."

"오, 그랬어요?"

"그것에 대하여 좀 더 이야기해 줄래요?"

"그것 참 재미있네요. 계속해 보세요."

"그 결과 어떻게 되었는지 궁금하네요."

"그것에 대해 좀 더 자세히 말하고 싶지 않나요?" 와 같은 것들이다. 이런 메시지들의 특징은 "예, 아니오"로 대답하는 대신 끝이 열린 질문 및 진술로서 자신의 생각을 이야기할 수 있도록 해주는 것이다. 또 상대방이 말한 내용에 대하여 어떠한 평가(옳다, 그르다, 좋다, 나쁘다 등)도 하지 않는다는 점이다.

경청은 외형적인 표현만이 아니라 짧은 언어적인 메시지를 보내 줌으로써 상대방의 이야기를 더 끌어낼 수 있다.

07
경청의 기술

"누군가 나의 고민을 들어준다는 사실만으로도 힘을 얻는다.", "이야기하고 나니 속이 풀린 것 같다."는 이야기를 종종 들을 수 있다. 남의 얘기를 아무 판단 없이 들어준다는 것은 분명 기술이다. 비교적 합리적이고 도덕적으로 올바르게 살아왔다고 자부하는 화자들에게 경청은 특히 어려운 일이다. 자기의 삶의 틀을 버리고, 도덕적인 판단을 유보하고, 오로지 잠잠히 상대방의 얘기에 귀 기울여 주어야 하기 때문이다.

경청은 나의 모든 것을 집중하여 상대방의 대화가 가치있음을 알려주는 대화기술이다. 따라서 다음과 같은 조건들을 고려하면서 경청하면 효과가 높다.

● 잠재능력을 발휘하도록 대화를 유도한다.

화자는 모든 상대방이 궁극적으로 자신의 문제를 스스로 풀어갈 수 있는 능력을 가지고 있다는 신념을 가지고 무한한 잠재능력을 발산하도록 대화를 유도한다.

경청을 통해 상대를 존중한다는 느낌을 주면 화자는 자신의 내면에 있는 이야기들을 하게 된다. 내면의 이야기 중에서 긍정적이고 끌어 낼 수 있는 부분을 선정해서 집중으로 답하도록 하다보면 상대방의 잠재능력을 발산할 수 있게 된다. 이처럼 경청을 효율적으로 활용하면 상대방으로 하여금 자기 속에 있는 무한한 잠재능력을 쏟아 놓도록 한다.

예) "들어 보니 정말 좋은 생각을 가지고 계시군요. 그렇게 하려면 어떻게 하는게 제일 좋을까요?"

● 바로 평가하지 않는다.

화자가 표현한 대화내용에 대하여 상대방이 어떤 느낌을 표현하든지 그 느낌을 그대로 수용할 수 있어야 한다. 화자가 말을 끝내지 마자 바로 평가적인 용어를 사용하게 되면 상대방은 답을 하는 것에 대하여 부담을 느끼게 되어 다음부터는 반응을 보이지 않을 수도 있기 때문이다. 꼭 반응을 해야 하는 경우는 대호가 다 끝나고 오늘의 대화내용을 정리하면서 화자가 생각한 내용을 종합적으로 알려주는 것이 좋은 방법이다.

예) ○ "네 좋은 생각이세요. 그렇게 생각할 수도 있겠네요"
　　× "그걸 말이라고 하세요. 그건 잘못된 생각이지요."

● 말을 계속하도록 하게 한다.

경청하는 도중에 상대의 말을 반복하거나 후렴형식으로 해주면 상대방은 말을 지속적으로 하려고 한다. 내가 제대로 이해하고 있는지 확인하고, 상대로 하여금 내가 잘 듣고 있음을 알려줌으로써 계속 말을 하도록 유도한다. 입으로 들음으로써 대화에 집중할 수는 있지만 자칫 논쟁이 될 수도 있고, 충고와 조언이 될 수도 있다.

예) "네 그런 일이 있었군요. 그래서 어떻게 되었나요?"

● 마음으로 들어 준다.

경청의 가장 좋은 듣기 방법은 마음으로 들어 주는 것이다. 상대방에 대한 자신의 현재 생각이나 선입견, 고정관념을 가지고 경청을 하게 되면 건성으로 들을 수 있어서 말하는 사람이 기분 나쁠 수도 있다. 따라서 화자는 건성을 듣지 말고 진지한 마음으로 들어 주는 것처럼 최선을 다해서 상대의 말을 들어 주면 상대방은 기분이 좋아져서 마음의 문을 열고 대화를 하게 된다.

예) "들어 보니 저도 마음이 아파오네요. 그래도 굽히지 마시고 도전해 보세요."

● 상대편의 입장이 되어서 들어 준다.

화자와의 만남에서 쉽게 상대편의 마음을 열려면 상대방의 입장에서 모든 내용을 경청하면 좋다. 상대방은 화자의 경청 자세에서 자신을 배려하고 있다는 생각을 받게 되어 모든 이야기를 서슴없이 하게 되어 상대방의 상황을 분석하는데 도움이 된다.

예) "제가 들어봐도 선생님의 마음이 어땠는지 충분히 이해가 가요. 참 힘 드셨겠어요."

● 들어 주되 객관성을 유지하라.

화자는 상대방과의 경청에서 공감할 수 있도록 노력해야 한다. 상대방의 대화내용에 대하여 너무 몰입해서 힘을 주려다 보면 상대방의 말이 잘못되었음에도 불구하고 그냥 넘어가는 경우가 있다. 그래서 잘못된 대화결과를 가져오는 수가 있다. 따라서 경청 도중에 화자는 상대방의 감정에 말려들지 않도록 자신의 주관을 갖고 정체성을 유지하도록 한다. 잘못된 부분이 인지되면 대화를 화자가 스스로 수정할 수 있도록 질문으로 유도한다.

예) "지금 그렇다고 말씀하셨는데 다른 방법은 없을 까요?"

● 인내심을 갖고 들어 준다.

대화하는 것이 습관이 안된 사람은 횡설수설하는 경향이 있다. 이런 경우 화자가 답답하다고 대화를 중단해 버리면 상대방은 마음을 다치게 된다. 따라서 인내심을 가지고 들어주되, 대화를 통해 원하는 내용을 집중적으로 들을 수 있도록 유도하는 것이 좋다.

또한 상대방이 처음부터 문제의 핵심을 꺼내지 않는다는 점을 이해하고 처음에 장황한 이야기를 꺼내는 것에 대해서도 인내를 가지고 문제의 핵심을 찾도록 노력해야 한다.

예) "네! 좋은 말씀입니다. 그렇지만 그것 보다는 좀 구체적인 방법은 없을까요?"

소통의 포인트 기법

화자를 있는 그대로 받아들여주는 태도가 대화의 기본이 된다면 주의해야 할 대화라는 것은 상대방의 있는 그대로를 받아들이지 않는 태도를 의미하게 될 것이다. 즉 암암리에 자신의 견해를 강요한다든지, 상대방을 거절하는 경우처럼 대화와 상반되는 태도를 말한다.

01
경청의 실패는 대화 장애를 가져온다.

경청은 가장 중요한 대화의 기술로서 경청을 잘하지 못한다면 상대방과의 관계형성에 좋지 못한 결과를 가져온다. 경청은 상대방의 욕구를 자신의 욕구보다 우위에 두고 있다는 것을 알려주는 신호이다. 따라서 상대방을 대화에 적극적으로 참여시키는 과정이므로 경청이 실패하지 않도록 주의를 해야 한다.

"너의 말은 들어 줄만한 가치가 없어"

"나는 너에게 이제 싫증이 났어"

"네가 나를 대접해"라는 의미로 전달되게 된다.

경청에 실패를 하면 대화에 큰 장애를 가져오므로 결국 대화가 실패할 수 밖에 없다. 경청에 실패를 가져오는 요인으로는 부정적인 판단과 이견을 들 수 있다.

판단은 상대방의 대화에 대하여 화자의 입장에서 하는 가치평가를 말한다. 판단은 긍정적인 판단과 부정적인 판단으로 나눌 수 있다. 긍정적인 판단은 상대방의 대화 내용에 대하여 긍정적으로 반응을 표현하나 부정적인 판단은 좋지 않은 반응을 표현할 수밖에 없다.

긍정적인 판단은 "그건 좋습니다."

"네 그렇게 하셔야 합니다."와 같은 표현이고

부정적인 판단은 "당신은 그렇게 해서는 안됩니다."
"당신은 그러니까 문제입니다."와 같은 반응이다.

대화 중에 긍정적인 판단은 대화를 더욱 신나게 이끌어가지만, 부정적인 판단은 상대방이 화자에 대하여 두려움을 나타내게 되고 결국에는 친밀한 관계를 저하시킨다.

이견은 상대방의 생각과 화자의 생각이 다름을 뜻한다. 대화중에 화자가 상대방의 대화에 대하여 이견을 보이면 상대방은 자신의 생각이나 행동에 대하여 방어하게 되고 변명하게 만든다. 따라서 이견이 발생하였을 때는 중요한 이견인지, 아닌지를 분석하여 중요하지 않은 이견에 대해서는 상대방의 말을 수용하고, 중요한 경우에는 상대방이 화자의 말에 따르게 해야 한다.

그러나 화자의 이견에 따르게 하드라도 상대방의 정서적인 분위기를 파악하여 이견을 좁히려는 노력을 해야 한다. 즉 화자가 정서적으로 불안하거나 자신감을 상실한 경우에는 이견을 강하게 피력하기 보다는 상대방을 배려하는 차원에서 대화를 유도하는 것이 좋다.

- × "틀렸어요.", "그렇지 않아요.", "그렇지 않다고 생각해요.", "그건 믿을 수 없어요.", "거짓말 마세요."
  ○ "꼭 그렇게 생각하시면 어쩔 수 없지만 그래도 보편적으로 이렇

게 하셔야 성공할 수 있습니다."

대화관계에서 어느 정도의 판단은 필요하지만 그것을 말로 바로 표현하게 되면 상대방은 일반적으로 자신에 대한 가치(self-worth)가 저하됨을 느낀다. 상대방의 말에 바로 화자의 판단이 개입되어 반응하게 되면 "너는 내가 필요할 수 밖에 없어"

또는 "너는 네 스스로 문제해결을 할 수 없는 위인이야"라는 메시지도 전달하게 된다. 이처럼 판단은 상대방을 화자에게 의존하고 화자보다 하위에 위치하도록 만든다. 따라서 판단은 신중해야 하지만 판단결과에 따른 표현도 신중해야 상대방이 자신의 가치를 높게 가지고 대화에 참여할 수 있다.

02
일시적인 안심이 소외감을 준다.

일시적인 안심은 화자가 실제로 문제를 가지고 있는데도 불구하고 일시적으로 상대방을 안심시키기 위하여 막연하게 말하는 것을 말한다. 일시적인 안심은 상대방을 안심하게 하려는 배려로 시작하지만 오히려 역효과를 낼 수 있으므로 신중하게 사용해야 한다.

- "모든 일이 잘 될 겁니다."

    "곧 좋아지실 거예요."와 같은 말을 하는 것은 상대방에게 듣기에는 좋은 말이지만 상대방은 자신이 가지고 있는 문제를 무시하거나 경시하는 태도라고 생각할 수 있다.

- 상대방: "나를 위해 최선을 다하고 있는 것은 알지만 하나도 나아지고 있지 않아요.(눈물을 흘리며 우울해 하고 있다)"

    화자: "당신은 곧 나아지실 거에요. 아무 걱정하지 마세요.(일시적인 안심, 대화를 피하기 위한 노력)"

    상대방: "직장에서도 이젠 나를 귀찮은 존재로 여기고……"

    화자: "제가 보기에는 별로 그렇지도 않은 것 같은데요. 걱정할 것이 못된다고 봅니다.(화자의 느낌을 경시)"

    상대방: "모르겠어요.(대화를 중단해 버린다)"

위의 예에서 보듯이 일시적인 안심은 오히려 상대방에게 자신의 감정이 거부당했다고 느끼게 되며 더 이상 자신의 문제를 화자와 이야기하지 않게 된다. 아무리 화자가 자신감을 갖고 이야기하더라도 그런 말 자체가 상대방에게 자신감을 주는 것이 아니다. 자신감은 어디까지나 스스로가 느껴질 때만이 갖게 된다. 따라서 화자는 상대방 스스로가 느껴서 판단하기까지 지지해 줄 수 있어도 화자의 가벼운 일시적인 안심을 시켜주려고 해서는 안된다.

일시적으로는 상대방의 마음을 편안하게 해주기는 하겠지만 결과적으로 좋지 못한 결과가 나오게 되면 오히려 상대방은 화자가 거짓말을 했다는 생각에 불쾌감을 느끼게 된다. 좋지 못한 결과에 대한 정신적인 충격이 강하면 강할수록 화자에 대한 거부감과 함께 자신의 표현을 차단시키게 되는 결과를 가져오게 된다.

03
형식적인 반응이 의미있는 대화를 방해한다.

반응은 상대방이 말한 것에 대하여 외부적으로 나타나는 언어나 행동을 말한다. 반응은 긍정적인 반응과 부정적 반응과 형식적인 반응으로 나눌 수 있다. 긍정적인 반응은 상대방이 말한 것에 대하여 진심으로 좋아하는 반응을 보이는 것이다. 반면에 부정적인 반응은 상대방이 말한 것에 대하여 나쁘게 반응하는 것을 말한다. 형식적인 반응은 상투적인 반응과 문자적인 반응으로 나눌 수 있다.

상투적인 반응은 상대방의 질문에 대하여 화자가 의미없는 대답으로 반응하거나 진부한 대답으로 성의없게 반응하는 것을 말한다. 문자적인 반응은 상대방이 말하는 즉시 반사적으로 반응을 하는 것을 말한다. 즉 상대방이 이야기하는 것에 대하여 화자는 깊게 생각지 않고 바로 대답하는 것으로 상대방의 이야기가 무의미하다는 것을 느끼게 해 준다.

● 상투적인 반응의 예

화자 : "좀 어떠세요?"
상대방 : "속상해 죽겠어요. 하는 일마다 안되요."
화자 : "아유! 항상 부정적이시군요. 그러니 일이 잘 안되지요.(상투적인 반응)"

사람들은 자기가 하는 대화에 대하여 관심을 가지고 진지하게 반응해주길 바란다. 그러나 상투적인 반응은 "너는 나에게 무의미한 존재야.", 또는 "나도 너하고 이야기 할 시간이 없어."라는 메시지를 전하게 된다. 결국 이러한 상투적인 반응은 대화의 상대방의 개별성을 무시하고 모두 똑같이 취급하는 결과를 초래하여 상대방을 섭섭하게 만들어 대화의 효과를 저하하게 하는 요인이 된다.

● 문자적인 반응의 예

화자 : "지금 하시는 일이 멋있어 보입니다."

상대방 : "그냥 그래요."

여기에서 화자의 "지금 하시는 일이 멋있어 보입니다."라는 표현은 실제로 멋이 있거나 없거나의 정보를 얻기 위한 것이 아니다. 그것은 "나도 그렇게 되고 싶습니다. 방법 좀 알려주세요."라는 느낌의 표현이었던 것이다. 그러나 상대방은 "그냥 그래요"라고 성의없이 문자적으로 반응을 보였기 때문에 화자는 찬물을 끼얹은 듯 망연자실해 지게 된다. 이러한 문자적인 반응은 대하분위기를 썰렁하게 만든다.

화자 : "대화를 시작한 지가 열흘이나 되는데도 아직 결과가 안 나오네요. 어떻게 하면 좋을까요?"
화자A : "네, 그래요(문자적인 반응)"
화자B : "조금 더 시간을 가지고 노력해보세요(문자적인 반응)"
화자C : "효과가 빨리 나타나지 않는데 대해 염려가 되지요? 우리 같이 문제점을 찾아서 시도해 볼까요(반영)"

화자의 표현 가운데에는 문자적인 답변보다는 태도나 느낌에 대한 이해를 구하는 것이 많다. 그럴 때 답변은 정직하고 상대방이 원하는 답변을 해야 하는 것이다.

때로 상대방은 자기 자신의 느낌을 직접 표현하기보다 어떤 상징을 사용하거나 숨겨진 의미가 있는 말을 할 수 있다. 따라서 신중하게 상대방의 말에 담긴 속뜻이나 의미를 이해하려 하지 않고 그대로 반응을 하면 상대방은 화자가 자신의 감정을 이해하지 못한다고 생각하기 쉽다.

대화의 효과를 높이려면 화자는 상대방의 말보다는 느낌에 반응을 하는 습관을 키워야 한다.

04 충고는 신중하게 하라.

충고란 남의 결함이나 잘못을 진심으로 타이르는 것을 말한다. 대화에서 충고는 매우 중요한 테마 중의 하나이다. 화자의 진심어린 충고를 통해서 상대방이 변화하기 때문이다. 그러나 충고는 상대방이 열등한 위치에 있으며 자신의 일을 결정하는데 능력이 없다는 의미가 포함된다. 따라서 충고를 너무 쉽게 해버리면 상대방은 자신의 무능력을 거론한 것 같아서 매우 불쾌해 질 수 있다. 따라서 충고는 웬만하면 하지 않는 것이 좋다.

충고를 잘못하게 되면 아무리 친한 친구사이에서도 "자기가 얼마나 잘났다고 감히 나에게 충고를 하지", "자기는 얼마나 잘하길래?"라고 생각할 뿐만 아니라 심하면 친구 사이에 금이 가기도 한다.

따라서 충고를 할 때는 상대방이 스스로에 대한 문제점을 인식하고 행동을 고칠 수 있도록 해야 한다. 충고를 하더라도 상대방의 마음을 다치지 않게 하기 위해서는 다음과 같이 하는 것이 좋다.

상대방이 부담없이 충고를 받아들이게 하려면 우선 상대방에 대한 화자의 주관적인 정보보다는 객관적인 정보를 제공해야 한다. 상대방은 객관적인 정보를 많이 제공할수록 자신의 잘못을 수정할 의사를 가지나 주관적인 정보를 제공할수록 반발을 하게 된다.

충고는 단순히 상대방의 결함이나 잘못을 타이르는 것보다는 상대방 자신이 화자가 제공한 정보를 바탕으로 스스로 판단할 수 있도록 해야 한다. 정보의 제공은 '화자 자신이 결정할 수 있도록 어떤 사실에 대해서' 지식을 제공해 주는 것임에 비해 충고는 상대방 스스로가 의사결정을 하는데 오히려 방해가 되는 것이다.

- × "내가 생각해서 당신은 시간관념이 없어 그러니 고쳐야지 않겠어?"
  ○ "일반적으로 성공한 사람들은 시간 약속을 잘지킨다고 하고 당신도 성공하기 위해서 시간 약속을 잘지키려는 노력을 하면 어떨까요?"

충고를 할 때는 어떤 행동에 대하여 바로 직접적인 표현을 하게 되면 상대방은 자기 행동에 대하여 잘못을 인정하기 보다는 지적한 사람이 야속하다고 생각할 수 있다. 따라서 어느 정도 시간이 지나거나 간접적인 표현을 하는 것이 좋다.

- × "당신은 너무 성급한 것이 탈이야 바로 고칠 수 있지?"
  - ○ "A과장 알지. 그 친구가 너무 성급해서 항상 실수를 한데. 그래서 상사들에게 많이 찍혔나봐"

충고를 할 때는 문제 행동을 바로 말하지 말고 긍정적인 부분들을 칭찬하고 마지막에 충고를 하는 것이 좋다.
- × "당신은 사람들에게 말을 함부로 하는 경향이 있어. 고쳐봐!"
  - ○ "당신은 사람들을 아주 편하게 하는 재주를 가지고 있어. 그런데 말을 조금 생각하면서 하면 더욱 많은 사람이 좋아할 거 같아"

강요나 지시하는 말보다는 선택할 수 있는 기회를 주는 것이 좋다.
예) × "이렇게 하세요." "이렇게 하는 것이 더 좋겠어요."
  - ○ "이런 것도 있고, 저런 것도 있는데 어떤 것이 더 좋은가요? 제가 보면 이런 것이 더 좋은 것 같습니다."

05
거짓과 회피는 신뢰성을 떨어뜨린다.

　허위는 진실이 아닌 것을 진실인 것처럼 꾸며서 말하는 것을 뜻한다. 화자는 때로 상대방에게 사실이 아닌 것을 사실인 것처럼 꾸며서하는 선의의 거짓말을 해야 하는 경우가 있다. 칭찬이나 격려는 지금은 그렇지 않지만 나중에 그렇게 될 것이라는 열망을 담아 표현한 것이다. 따라서 칭찬이나 격려를 할 때에 상대방과 너무 동떨어지거나 불가능한 것은 하지 말아야 한다.

　칭찬이나 격려와 같은 선의의 거짓말은 상대방이 그 이야기가 허위가 아닌 것처럼 믿어지게 되면 문제가 없지만 허위나 과장이라는 사실을 알게 되면 그것이 아무리 상대방을 위한 것이라도 상대방은 불쾌하게 된다.

　상대방이 화자가 말한 것이 허위라는 사실을 알게 되면 상대방은 추후에도 화자가 거짓말을 할 거라는 생각을 계속 잠재의식 속에 가지고 있기 때문에 대화가 지속되기 어렵다. 뿐만 아니라 허위로 인하여 신뢰도가 낮아져서 화자가 제공하는 사실적인 정보에 대해서도 상대방은 일단 의심하게 된다. 따라서 대화에서 화자는 거짓말을 하지 말고 시종일관 진지한 태도로 임해야 한다.

- × "당신은 정말 한국 최고의 스피치 달인이야"
  ㅇ "정말 말씀을 잘하시는 군요"
- × "지금은 어려운 환경이지만 앞으로 분명히 대통령이 될거에요"
  ㅇ "목표를 세운다면 분명히 이루어질 것입니다"

회피는 화자가 상대방이 하던 이야기를 다른 문제로 말머리를 돌려 버리거나 상대방의 질문에 대하여 다르게 말하는 것을 말한다. 회피를 하는 이유는 화자가 더 이상 대화에 대하여 자신이 없거나 불안하게 되어 자신을 보호하기 위해 일차적으로 사용되는 방법이다.

화자가 상대방의 대화 중에 화제를 돌린다든지 다른 제목의 화제를 준다는 것은 상대방의 발언권을 빼앗는 것이나 다름이 없다. 주제의 회피를 여러 번 당하게 되면 상대방은 더 이상 대화를 진행하고 싶은 욕구가 좌절되어 대화가 장애를 만나게 된다. 따라서 꼭 화제가 바꾸어야 한다면 상대방의 대화가 끝났을 때 화제를 전환하는 것이 좋다.

- 상대방 : "지금까지 경제에 대해서 이야기를 나누었는데 이제 좀 화제를 전환하는 의미에서 정치에 대한 대화를 나누면 어떨까요?"

대화 중에는 상대방의 질문이 화자가 답변하는데 곤란하게 만드는 경우도 있다. 예를 들어 상대방의 호의가 마음에 들지 않은 경우나, 사실대로 말하면 상대방이 마음이 아픈 경우이다. 이러한 경우에는 상대방의 질문에 대하여 생각과 다르게 대답할 수 있으나 상대방이 눈치채지 않도록 하는 것이 좋다. 그러나 화자 자신이 어려워질 것 같으면 대화를 중단하는 것이 좋다.

- 상대방 : " 준비한다고 했는데, 오늘 식사가 마음에 드셨나요."
  화자 : "네 좋았습니다. 감사합니다."
- 상대방 : "오늘 제가 발표를 잘했지요"
  화자 : "네 좋았습니다. 그러나 말을 조금 천천히 하면 좋을 거 같아요"
- 상대방 : "오늘은 내가 왜 인간적으로 부족한가를 알려 주십시요."
  화자 : "죄송하지만 오늘 제가 컨디션이 좋지 않아서 오늘은 여기서 대화를 종료하도록 하지요."

06
아프지 않게 비평하고 자존심 살리며 비평받기

비평은 사물의 옳고 그름, 아름다움과 추함 따위를 분석하여 가치를 논하는 것을 말한다. 대화과정 중에서 화자가 화자의 행동 혹은 생각을 비평하는 것을 말한다. 비평은 화자의 입장에서 상대방의 말에 대한 가치 판단의 결과로 하게 된다. 따라서 비평은 상대방의 마음을 다치게 하거나, 부정적인 생각을 갖게 하기 쉬우므로 조심해서 해야 한다. 비평을 효율적으로 하는 요령은 다음과 같다.

비평을 하기 전에 미리 비평의 방법이나 비평의 강도를 결정해야 한다. 만약 비평을 바로 하게 되거나 상황을 고려하지 않고 하게 되면 오히려 반발하게 된다. 따라서 효과적으로 비평을 하고 싶다면 상대방의 상황을 예측하여 적절한 때와 장소를 미리 예고하고 개인적으로 비평하는 것이 좋다. 예를 들어 갑자기 여러 사람 앞에서 비평하게 되면 상대방이 충격을 받거나 심하게 반발할 수 있다.

비평할 것이 있으면 둘러 대기보다는 구체적으로 비평하는 것이 좋다. 예를 들어 "너는 항상 왜 그러니." 라는 말보다는 "너는 엄마를 도와주기 위해 방 청소 좀 하면 안되니?."라고 구체적으로 대화해주면 상대방은 비평이라고 들리기보다 격려하는 마음으로 들리 수 있다. 그리고 비평은 진지한 태도로 하되 너무 자주하거나 길게 비평하면 잔소리같이 들려서 오히려 효과가 떨어진다. 또한 비평을 할 때는 부정적인 단어는 피하고, 야단하거나 질책하지 말고, 객관적이고, 건설적으로 표현하는 것이 좋다

- × "미쳤어." "융통성이 없어." "못된 놈." "제 멋대로야." "꽉 막혔어." "틀려먹었어."
- ○ "자넨 다른 일은 잘하는데 다른 직원들에게 인사만 좀 하면 더 멋있는 사람이 될거네."

우리는 세상을 살면서 비평을 하기만 하는 게 아니라 비평을 받을 수도 있다. 사람들은 비평을 받는 것보다 비평을 하는 것이 훨씬 편하다. 비평을 받는 다는 것은 어떤 누구도 마음이 편하지 않을 것이다. 그러나 비평을 받을 때는 마음의 준비를 하면 여유가 있지만 준비되어 있지 못하면 마음이 아플 수 있다.

만약 비평을 받게 되면 그 비평이 공평한가를 판단하여 그 비평이 부당한 경우는 부당한 이유에 대하여 반문할 수 있다.

- 상대방 "선생님은 말씀을 어렵게 하십니다."
  화자 : "어떤 부분이 어려운가요?"

만일 공평한 비평이면 상대방에게 구체적인 해결방안을 물어본다. 그러나 상대방의 해결방안을 반드시 채택할 필요는 없다. 다만 고려사항으로서 경청하고 나서 건설적인 비평을 해 준 상대방의 노력에 감사의 뜻을 표시하면 세련된 매너라고 볼 수 있다.

· 상대방 "인관관계를 맺는게 미숙해보여요."

　화자 : "그럼 어떻게 하면 좋은 인간관계를 맺을 수 있을까요"

비평을 들을 때 구차하게 자기 비판적이거나 자기 변명을 늘어놓지 않아야 하며, 비평이 불명확할 때는 명확하게 이야기해 줄 것을 부탁한다. 예를 들면 "그 점은 이해가 안되는 데 정확히 이야기 좀 해주시겠습니까? "라고 한다.

비평을 들어봐서 자신과 다른 견해라고 한다면 비평에 대해서 공격을 가하지 말고, 당신의 의견을 정정당당히 밝히는 것이 좋다.

· 상대방 "잠이 너무 많아 보이세요"

　화자 : "원래는 부지런한데 요즘은 몸이 불편해서 잠이 많네요"

07
부정과 방어는 대화의 단절을 가져온다.

부정은 상대방에게 문제가 있는 것을 받아들이려 하지 않는 것을 말한다. 부정은 음성의 고저, 혹은 얼굴의 표정으로 상대방에게 문제가 없다고 부인함으로써 상대방과의 대화를 차단하게 만들고 상대방의 어려움을 도와줄 수 없게 한다. 또한 부정의 표현을 너무 건성으로 하거나 무의미하게 하면 듣는 상대방은 매우 불쾌하게 느낄 수 있다. 따라서 부정의 표현은 상대방이 기분 나쁘지 않도록 진지하게 하되 구체적으로 해야 한다.

- × 화자 : "죽겠어요."

  상대방 : "어리석은 말 하지 마세요."
- ○ 화자 : "나는 보잘 것 없어요."

  상대방 : "그럴리가 없어요, 누구나 다 쓸모가 있는 것이에요."

방어는 상대방이 표현한 것에 대하여 일방적으로 막는 것을 말한다. 방어는 화자가 공격을 당하거나 불리한 입장에 처할 때 사용하는 것이다. 예를 들면 상대방이 화자에 대해서 불만스러움을 나타냈을 때 화자가 "나는 5년이나 대화를 해왔지만 나처럼 잘하는 화자 없을 거에요."라고 말하는 경우이다. 결국 방어는 상대방의 견해를 거절하는 것이 되며

"너에겐 불평을 호소할 권리가 없어"라는 메시지를 전달하게 된다.

따라서 방어는 상대방과 의견이 격돌되어 최악의 상황으로 몰고 갈 수 있기 때문에 방어의 표현을 하기 전에는 충분히 검토하고 표현하는 것이 좋다. 즉 방어의 표현으로 대화가 효과적으로 끝나지 않을 수 있다는 생각을 가지고 충분한 가치가 있을 때만 해야지, 조금만 참으면 별일 아닌데 방어를 하게 되면 대화가 완전히 실패하기 때문이다.

08
선입견이 오해를 가져온다.

우리는 가끔 아니 자주 '잘 안다'는 선입견을 갖고 상대의 말을 들을 때가 있다. 특히 가까운 사람일수록 그런 습관이 발동을 한다. 상대를 잘 안다는 미명하에 그 사람의 생각까지 잘 안다는 착각을 하게 되는데 그 사람을 아는 것과 그 사람의 생각을 아는 것과는 아주 큰 차이가 있음을 혼동해서는 안 될 것이다.

그 사람의 외형적인 모습과 조건 등은 변하는 주기와 모습이 대략 객관적인 형태를 띄고 있어서 '그 사람을 잘 안다'라고 했을 때의 의미는 그 사람의 외형적 모습과 조건들을 안다는 것이다. 그러나 사람은 누구나 생각이라는 넓이도 폭도 잴 수 없는 큰 보자기를 가지고 있다. 그

보자기는 사각의 것을 쌀 때는 사각의 모양이 되고, 둥근 것을 쌀 때는 둥근 모양의 그것이 된다. 어떤 때는 하늘을 덮을 정도의 넓은 것이 되었다가, 어느 때는 좁쌀 한알도 싸맬 수 없을 정도로 작고 초라하기 그지없다. 그러한 생각의 보자기를 어느 누가 '잘 안다'라고 할 수 있겠는가. 또한 사람은 하루에 오만가지 이상의 생각을 한다. 그 중에는 유익한 생각과 쓸데없는 생각이 있을 것이다. 사람의 말이란 그러한 생각들을 가지런히 정렬하여 상대가 이해할 수 있도록 들려주고 보여주는 것이다. 그러나 과연 말이라는 게 그렇게 수시로 변하는 복잡다단한 생각들을 다 잘 표현할지도 의문일진데 그 모든 것을 '안다'라고 하는 것은 나무잎 흔들리는 소리만 듣고도 그 나무가 몇 년생의 어떤 나무인지 알 수 있다고 하는 것과 같을 것이다.

또한 '잘 안다'라는 선입견을 가지고 상대의 말을 들으면 끝까지 듣기가 힘들어진다. 수업 시간에 너무나 잘 아는 내용만을 교사가 되풀이 한다면 십중팔구 아이는 다른 것에 한 눈을 파는 것처럼, 내가 잘 안다고 생각하는 이야기를 상대가 한다고 생각될 때 이 또한 그의 말에 집중하기보다는 자신이 그의 생각에 끼어들어 먼저 아는 척 하고 싶어질지도 모른다.

'잘 안다'라는 선입견을 가지고 상대의 말을 들으면 성급하게 상대를 판단해버릴 가능성이 크다. '상대는 이미 그 일을 수행하지 못한 전적이 있으므로 여전히 잘 해내지 못할 것이다' '상대는 이미 과오가 있기 때문에 그가 말하는 모든 내용도 과오가 있거나 이롭지 못한 말일 것이다' '상대는 나를 좋아하지 않기 때문에 나에 대한 비판만을 할 것이다' '상대는 가진 것이 없기 때문에 가진 사람을 못마땅해 할 것이다' '상대는 예전에 그 일을 수용하지 않았기 때문에 이번에도 동의하지 않을 것이다' 이와 같은 성급한 상대에 대한 판단은 화해나 타협의 빌미조차 주지 않고 일을 포기하거나, 부정적인 모습으로 만들어 놓는다. 긍정이 긍정을 낳듯 부정은 더 큰 부정을 낳는다.

"어쩐지, 내 이럴줄 알았다니까"

"참, 너무하네. 또 자네야?"

이와 같은 편견과 선입관성 발언은 답하는 사람을 죄인처럼 만들거나 질리게 만든다.

어떠한 대답도 하기 싫거나 변명으로 들릴 것이라는 것을 알기에 입을 닫게 된다.

또는 대화의 여백도 없이

"어젠 왜 늦었어?", "어디 갔었는데?", "누구랑 갔었는데?", "꼭 거길 가야했어?","그런데 왜 늦었어?", "또 갈 거야?"......

이 쯤 되면 상대는 질리게 되고 잘못한 것을 추궁하고 심판하는지 가늠하기 힘들어진다.

질문의 목적을 확실하게 생각해야 하며, 질문에도 한국화처럼 여백이 있어야 감정이 끼어들기 전 편안한 호흡을 하게 된다.

그렇게 한번 두번 상대를 미리 판단해버리고, 상대의 생각까지 미리 짐작하여 판단한다면 오해가 되기 쉽고 더 이상의 관계 진전은 커녕 인간관계 자체에 큰 흠집이 가고 말 것이다. '저 사람은 나랑은 맞지 않아' '나랑 코드가 달라' '말이 마음의 문을 열지 않아' '말귀를 못 알아들어' 라는 얘기가 나오는 대부분의 이유가 '잘 안다'는 선입견을 가지고 미리 판단하여 듣기 때문이다.

따라서 상대에 대하여 오해를 하지 않고 있는 그대로를 보려면 대화 중 선입견을 갖지 말아야 한다. 상대의 말에 집중하여 무슨 의도와 내용을 가진 말인지 차분히 귀 기울여 듣고, 말 속의 의미를 공감하기 위해 열린 마음과 빈 마음으로 온전히 받아들이는 자세를 먼저 가져야 할 것이다.

09
화내지 않고 갈등 해결하기

갈등이란, 인간의 정신생활을 혼란하게 하고 내적 조화를 파괴하는 상태라고 심리학에서 말한다. 갈등상태란 두 개 이상의 상반되는 경향이 거의 동시에 존재하여 어떤 행동을 할지 결정을 못하는 것을 의미한다. 사람과 사람이 관계를 가지게 되면 가정, 직장생활을 하건, 사회생활을 하건, 갈등을 피할 수는 없다. 남녀 간의 갈등, 직장에서의 갈등, 부모자녀간의 갈등 등 세대와 환경과 사고방식이 다르기 때문에 같은 사안에 대한 문제 해결 방식도 다를 수밖에 없다.

인터넷 취업포털 잡링크(www.joblink.co.kr)가 직장인 1,230명을 대상으로 "상사와의 갈등을 어떻게 해결하는가?"의 설문조사를 실시한 결과, 32.4%(398명)가 '술자리 등 인간적으로 대화할 수 있는 자리를 만든다'고 응답했다. 인간적인 대화에 이어, '혼자 삭인다'는 응답도 25.1%(309명)를 차지했으며, '동료들과 이야기를 통해 푼다'는 16.8%(207명), '가급적 더 큰 마찰이 생기지 않도록 피한다' 11.6%(143명), '회의나 면담요청 등 업무적으로 해결한다'는 9.5%(117명), '기타'의견은 4.6%(56명) 이었다.

갈등을 해결하려면 갈등의 원인을 알아야 한다. 갈등이 일어나는 이유에 따라 결과가 달라지기 때문이다.

첫째, 대화의 부족이나 대화의 차이에 의해서 이루어진다. 흔히 대부분의 갈등이 의사소통의 부족 때문에 발생한다고 생각하지만, 대부분의 갈등상황에서도 상당한 양의 의사소통은 계속 진행되고 도중에도 발생한다. 둘째, 조직은 수평적 그리고 수직적으로 나뉘어져 있다. 이런 구조적 차이는 통합의 문제를 야기하게 된다. 이로 인해서 자주 나타나는 문제가 바로 갈등이다. 개인은 목표, 의사결정의 대안, 성과표준, 자원배분 등에 있어 완전히 동의하지 않는다. 이러한 것은 조직 자체의 구조적인 문제 때문에 발생하는 것이다. 셋째, 갈등의 원인은 개인적 차이이다. 갈등은 개인적 특유의 사고 방식이나 개개인의 가치체계로부터 나타날 수 있다. 사람들 사이에서 그러한 개인적 차이는 함께 협력하여 일하는 것을 어렵게 만들게 된다. 개인의 배경, 교육, 경험, 그리고 훈련과 같은 요인이 개인을 나름대로 고유한 형태의 가치체계를 가진 독특한 성격의 소유자로 만든다. 이러한 개인적 차이가 갈등을 일으킬 수 있다.

이런 갈등을 지혜롭게 해결하지 못하면, 개인적으로나 조직에게나 부작용과 상처가 생기기 마련이다. 하지만 갈등을 해결했다고 해도 서로 감정이 격해져서 싸움으로 해결된다면 오히려 앙금이 남아서 갈등을 해결한 보람이 없게 된다. 따라서 가장 효과적으로 갈등을 해결하는 방법은 화내거나 싸우지 않고 서로의 감정을 상하지 않는 범위에서 갈등을 해결한다면 오히려 서로간의 관계에 있어 이해의 폭이 넓어지며 생기를 불어넣어 줄 것이다.

● 화내지 않고 갈등 해결하는 방법

- 갈등과 문제가 무엇인가 생각하고, 문제의 소유권이 누구에게 있는지를 파악한다.

- 화난 감정을 조절하거나, 진정하고 말로 잘 표현한다.
- 함께 이성적으로 대화할 수 있는 계획을 세운다.
- 문제 중심으로 상대방의 인격을 존중하는 자세로 대화하며 말하기 기술과, 듣기 기술을 사용한다.
- 문제해결과 관련된 각자의 소망을 구체적으로 말한다.
- 모두에게 도움이 되는 방향으로 자기가 할 일을 구체적으로 선택한다.
- 자신의 행동계획이 실천가능한지 검토하고 실천한다.
- 감정이 상하거나 의견차이가 있으면 언쟁을 피하거나 누적시키지 말고 진솔한 대화로 해소하라.

10

통하려면 7:3 법칙을 지켜라.

"우리 와이프하고는 얘기가 안 통해요."
"우리 남편하고는 대화 자체가 안 되더라구요."
"우리부부는 대화만 할려고 하면 싸워요. 그래서 이제는 싸우기 싫어서 아예 대화 자체를 안해요."

요즈음 이런 유형의 부부들이 점점 늘고 있다. 괴로움도 즐거움도 함께하는 동고동락(同苦同樂)의 소중한 관계일진데, 마음의 문을 여는 것은 고사하고 대화 자체를 하지 않는 무늬만 부부인 사람들이 늘고 있으니 참으로 안타까운 일이 아닐 수 없다.

왜 우리는 아내와 또는 남편과 말이 마음의 문을 열지 않는다고 느끼는 것일까? 그에 대해 커뮤니케이션 학자와 심리학자들은 남자와 여자의 대화를 나누는 목적이 다르기 때문이라고 한다.

여자들은 지금 느끼는 감정을 그대로 말하고 싶어서 대화를 한다. 옳든 그르든 나의 심정과 상태를 상대방이 공감해 주고 맞장구 쳐주기를 바라면서 말이다. 그러나 남자들은 그것과는 다르다. 남자들은 대화 속에서 문제를 해결하기 위한 것에 초점을 맞춘다. 그러다보니 문제에 대한 해결책이 보이지 않으면 그 해결책이 떠오를 때까지 입을 열지 않는 것이 보통이다.

어느 날 아내가 남편에게 "오늘 속상해 죽는 줄 알았어요" 라고 했을 때 남편은 "무슨 일로 그러는 거지? 내가 뭘 해야 하지?" 라는 식의 문제해결 태세를 갖추게 된다. 아내는 왜 속상했는지에 대해 이렇게 얘기한다. "회사에서 팀장이 날 불러서 직원들 앞에서 무안을 주는 거에요. 얼마나 민망하던지..."

이쯤 되면 남편이 이렇게 말한다. "그 팀장한테 톡톡히 미운털이 박했군. 그러게 잘 좀 하지. 회사가 그렇게 호락호락하지 않다는 것을 당신도 알잖아. 업무처리는 신속히 하고, 또 ….." 말이 채 끝나기도 전에 아내의 얼굴은 붉어지면서 목소리 톤이 높아진다.

"뭐라구요?" 아내는 그저 그날 속상한 자신의 상한 감정을 알아주고 보듬어 달라는 얘기였을 뿐이다. 무엇 무엇이 잘못이고, 어떻게 문제를 풀어가야 할지를 물어본 것이 아니다. 그런데 남편 입장에서는 직장에서 마음이 상한 것도 안쓰럽긴 하지만 앞으로 그런 일을 다시 겪지 않기 위한 방법을 제시해 주고 싶은 것이었다.

이러니 남편과 아내가 같은 문제에 대해서도 수다를 떨거나 진지하게 얘기 나누기가 힘들어진다. 잘못하면 부부싸움으로까지 이어져서 애초에 얘기를 꺼내지 않으니만 못하게 되는 것이다.

그런데 가만 보면 이러한 남녀 대화에서 벌어지는 차이가 부모 자식 간의 대화에서도 일어난다. 부모들 역시 아이들과 이야기 하다보면 반드시 해결책을 제시해야 한다는 생각을 하게된다. "학교 가기 싫어요"라고 말하면 "학교는 가기 싫다고 안가는 데가 아니다. 어서 일어나서 정신 차리고 가.", "쓸데없는 소리 말고 어서 학교가라", "너 또 학교에서 무슨 사고 쳤지.", "그럼 니가 나가서 돈 벌어와라. 내가 학교 갈테니…"라는 식으로 말한다. 아이도 그 정도 쯤이야 다 알고 있음에도 불구하고 투정 한 번 부려본 것일 뿐인데 말이다. 부모의 이런 반응을 보고 아이는 다시는 이런 기분을 얘기 하지 않겠다고 생각하여 말문을 닫아 버리게 된다. 마치 부부의 대화에서처럼 말이다.

우리가 대화를 나누는 유형에는 두 가지가 있다. '공감하는 대화'와 '교훈을 주는 대화'가 그것이다. 공감하는 대화는 상대의 감정과 상황을 무엇보다도 먼저 헤아려 주는 대화이다.

아내가 남편에게 "오늘 속상해 죽는 줄 알았어요" 라고 했을 때 남편은 "직장에서 기분 언짢은 일 있었구나. 힘들지", "맥주 한 잔 할까?", "누가 우리 이쁜 자기를 힘들게 했을까"라고 말해 주는 게 바로 공감하는 대화이다. 아이의 "학교 가기 싫어요"라는 말에 "학교에서 무슨 속상한 일 있었구나.", "아빠도 회사 가기 싫은 날이 있는데 너도 그날이구나.."라고 말해 주는 것 역시 공감하는 대화이다. 이를 통해서 아내와 아이는 자신의 감정을 이해해주는 것에 대해 동질감을 느끼고 얘기하길 잘했다는 안도를 하게 된다.

그렇게 상대의 감정을 이해해주는 것은 큰 의미를 갖는다. 마음의 빗장을 열게 하여 그 다음에 올 가치와 옳고 그름을 판단하는 말을 받아들이게 된다는 것이다. 만약 이러한 공감하는 대화의 과정 없이 바로 "이것이 옳고 저것은 그르다", "그럴 때는 이렇게 해야 한다"식의 가치를 전하는 말만 한다면 받아들이기는 커녕 오히려 더욱 감정을 상하게 될 것이다. 공감하는 대화는 강요나 주입식이 아니기 때문에 자신의 선택에 대한 강한 의욕을 보이게 된다. 선한 동기를 끌어내고 실천을 강화하게 되는 것이다.

그러나 교훈을 주는 대화는 남편이 아내를(아내가 남편을), 부모가 아이를 훈계하거나 교육시키는 형태의 대화이다. 그러므로 자신이 생각한 가치나 교훈을 일방적으로 상대에게 주입하게 된다. "직장 생활에서는 반드시 지킬 것이 있다", "공부를 열심히 해야 한다", "하기 싫어도 해야 한다"등등의 상대의 잘못을 지적하고 옳은 방향으로의 의견 제시가 모두 교훈을 주는 대화에 포함된다. 이러한 교훈을 주는 대화만을 하게 되면 상대는 어느 새 항상 옳은 말만을 하는 남편(아내)이나 부모에게 방어적 자세를 취하게 된다. 지적하는 것은 직장의 상사나 학교의 선생님만으로 충분하다고 생각하게 된다. 교훈을 전하는 사람 역시도 항상 옳은 말만을 하다보면 상대의 잘못을 지적할 일이 많아져서 스스로도 대화에 피곤을 느끼게 된다.

그러므로 대화에 있어서는 공감하는 대화와 교훈을 전하는 대화를 적절히 사용하여야 한다. 상대의 기분과 생각을 이해해 주어야 하고, 그러면서도 올바른 가치와 해결 방안을 찾아가는 역할을 함께 해야 한다. 가장 권하고 싶은 형태는 공감하는 대화와 교훈을 전하는 대화의 비율을 7 : 3 정도로 하라는 것이다. 공감하는 대화의 비율이 더 높을수록 상대는 자신을 더 많이 드러내어 진실한 대화를 나누기 쉬워진다. 그리고 나서 가치를 전하거나 옳은 방안을 함께 생각해보는 시간을 갖는다면 거부감이나 방어태세 없이 자연스럽게 받아들이게 된다. 이것을 바로 마음의 문을 여는 대화의 7 : 3 법칙이라고 한다.

● 주의해야 할 대화기술

구분	설명	예
일시적인 안심	불안해 할 이유가 없다고 말함 상대방의 문제를 무시하거나 경시하는 태도	나는 …에 대해 걱정하지 않아요. 모두 잘 될거에요. 당신은 잘 해나가고 있어요.
상투적인 반응	의미없는 대답을 하거나 진부한 대답으로 성의없게 반응하는 태도	네 잘하고 계시네요. 곧 좋아지실 거에요. 걱정 마세요. 다 그렇습니다.
문자적인 반응	말하는 즉시 반사적으로 반응하는 태도	그냥 그래요. 대충하세요.
충고	상대방에게 어떻게 하라고 말함	나는 당신이 …해야 한다고 생각해요. 당신은 왜 …하지 않아요. 이렇게 하세요.
거부	상대방의 생각이나 언동에 대해 숙고하지 않거나 경멸함	지금 시간이 없는데요. 그런 것은 말하지 마세요. 그런 것은 이야기하고 싶지 않아요.
이견	상대방의 생각을 반대함	그건 틀려요. 그렇지 않아요. 나는 그것을 믿지 않아요. 거짓말 마세요. 그렇지 않다고 생각해요.
비평	상대방의 언동이나 생각을 비난함	그건 좋지 않아요. 저는 오히려 당신이 하지 않는 편이 나아요.
주제의 회피	화제를 다른 데로 돌리는 것	다른 이야기 하죠? 그것 보다 중요한 이야기가 있어요.
부정	상대방의 문제를 받아들이지 않으려는 것	그건 안되요? 그렇게 하지 마세요?

방어	구두공격으로부터 어떤 것을 보호하려는 시도함	저는 평판이 좋은 사람입니다. 그건 그렇지 않습니다.
선입견	상대방을 미리 판단하여 대화를 받아들이지 않는 것	저 사람은 나쁜 사람이야 저 사람은 대화할 가치가 없어

실전교육사례로 배우는 스피치기법

01

아이컨택

개척교회를 하신다는 목사님 한 분께서 상담전화를 했다.

목소리만 들어서는 말씀도 차분하게 잘 하셨구 대화법에 관해서는 전혀 문제가 없어 보이셨다.

저녁에 약속시간에 맞추어 목사님께서 방문하셨다.

겸손하고 조용하시며 나지막한 목소리에 힘이 있으신 묘한 매력을 지니신 분이었다.

목사님과 마주앉아 이런 저런 이야기를 나누다 보니 무엇이 목사님을 불편하게 하는지를 찾아낼 수 있었다.

목사님은 이야기를 나누는 동안 상대방의 얼굴을 한번도 바라보지 않으셨다.

"목사님, 제 얼굴 좀 봐주시면 안돼요?" 말하는 동안 목사님께 몇번씩이나 반복적인 이야기를 해야했다.

목사님의 바램은 성도들에게 설교를 잘 해서 하나님 말씀을 잘 전해주고 싶은 것 뿐이었다.

그런데 그것이 전달이 잘 안 된다는 생각에 답답해하셨다.

그도 그럴 것이 말하는 사람이 진심으로 상대방에게 자신의 의견이나 주장을 펼치고 싶은데 상대방을 바라보지 않고 말한다? 답답할 수

밖에 없는 노릇이다.

아무리 훌륭한 설교를 하여도 듣고 있는 상대방에겐 그 얘기가 그대로 전달될 수 없었을 것이다.

믿음도 강하시고 그 믿음을 많은 사람들에게 전파해 주시고자 하시는 분이 왜 사람을 정면으로 바라보지 못할까?

깊이 들어가보니 어린 시절 맨 앞자리에 앉았던 목사님은 선생님의 이야기에 몰입되어 잘 듣다보니 너무 집중했던 까닭인지 어이없게도 담임선생님께 꾸중과 핀잔을 심하게 들었다고 한다.

"넌 왜 그렇게 사람을 뚫어져라 쳐다보니? 내 얼굴에 뭐 묻었어?"

어린시절의 그 선생님의 한마디는 그 사람이 살아가는데 커다란 영향을 준 것이다. 그때 이후 목사님은 이상하게도 사람을 바라보는 것이 불편해지셨다고 한다.

한 선생님의 말 한마디가 어린아이에게 성인이 되어서도 표현의 자유를 가로막는 상처를 남겨준 것이다.

그때부터 목사님과 나는 아이 컨택 하는 방법에 대해 교육하기 시작했다.

말은 입으로만 내뱉는 것이 아니다. 말하지 않아도 표정만으로도 그 사람의 마음을 읽을 수 있고 눈으로만도 상대의 기분을 느낄 수 있다. 움직임, 행동, 걸음걸이 만으로도 상대가 기쁜지 우울한지 우리모두는 알 수 있다.

목사님은 눈을 바라보지 못하는 대신 눈 주변과 코, 인중, 이마쪽으로 시선을 두며 말씀하시는 것부터 시작했다.

그렇게 목사님의 교육이 진행되면서 목사님께서 하시는 말씀은 "왜 나는 열심히 혼혈을 다해 설교를 하는데 성도들의 표정은 달라지지 않는지, 왜 내 맘을 그렇게 몰라 주는지 성도들이 안타깝단 생각만 했어요. 이제 알겠어요. 말과 함께 눈으로도 말을 하고 표정으로도 얘기해야 한다는 걸…."

그건 아닐 것이다.

왜 이제야 아셨겠는가? 벌써부터 익히 알고 계셨던 것이지만 어린나이에 상처라면 상처였을 그 흔적을 되새겨 볼 기회도 없었고 흔적을 지우려는 생각도 안해 봤기에 그저 겸허히 받아들이고 있었을는지 모른다.

목사님은 자신의 어린시절 기회로 만들어진 부정적 습관을 인정하시며 받아 들이고 바꾸어 나가려고 의도적인 노력을 기울이셨다.

잘 알고 계시는 분이기에 습관적으로 떨구는 고개이외에는 큰 문제 없이 진행될 수있었다.

우리가 모르고 지나칠 수 있는 그런 작은 습관들이 나를 불편하게 만들고 그로인해 너무나 큰 것들을 잃어갈 수 도 있다라는 것을 다시 한번 느끼게 된 경험이였다.

02
완벽주의

똑 같은 사람이 똑 같은 상담을 계속해서 반복해왔다.

한번 들르라 해도 들르지 않고 오셔서 상담을 하시라 해도 오지 않고 전화상담만 반복해서 계속하시는 분이셨다.

본인이 누구인지, 무엇을 하시는 분인지 아무것도 알려주지 않고 본인이 안 되는 것에 대해서만 설명하시는 분 이였다.

반복되는 전화상담 끝에 그 분이 오셨다.

생각이 깊고 모든 일에 철두 철미한 분이신 것 같았고 굉장히 신중한 분이셨으며 말씀 한마디 한마디도 깊이 생각하며 말씀하시는 분이였다.

그분이 스피치교육을 받고 싶은 이유는 젊은이들과 소통하고 싶은 이유였고 그 시작은 자녀에서부터 시작되길 소망하는 분이셨다.

"자녀분들과 대화는 어느 정도 하고 계시나요?"

"음....거의...안하는 편입니다. 묻는 말에...대답 정도 ....하는 편이지요"

편한 대화질문에서도 눈을 감고 진지하게 답변하시는 분이셨다.

"질문은 어느 쪽에서부터 시작하는 편인가요? 자녀는 아닐 테고 선생님께서 시작하시나요?"

"네, 그렇습니다." "

자녀의 생활이 궁금해서 질문을 하는 편이신가요? 대화의 소통을 원해서 질문을 던지시는 건가요?"

"물론… 대화하고 싶은 맘이…더 큽니다. 하지만 한 두 마디 하고 나면 끝나 버리죠…"

워낙 신중하고 진지한 분이라 상대를 더 알고 싶어 여러 가지 가벼운 질문들을 던졌는데 선생님의 대화습관은 자주 눈을 감고 말씀하시는 부분과 상체를 필요이상으로 뒤로 제치고 말씀하시는 편이었다.

그건 두려움이나 긴장감보다는 깊이 생각하는 시간을 갖는 것 같은 느낌을 주었으며 아주 권위적인 분이라는 느낌을 받게 했다.

이분과의 교육이 시작되었고 몇 주간의 교육이 진행되는 동안 난 교육자의 입장이 아닌 편한 동생, 아는 사람, 이웃사촌 등의 가벼운 마음으로 교육에 임했다.

너무 무겁고 권위적이고 생각이 많은 이분을 편하게 해주고 싶다는 생각을 했다.

내가 너무 편한 말을 하거나 너무 가볍게 이분의 말씀에 맞장구를 치거나 스쳐 지나가는 말을 건넬 때는 조금 불쾌한 표정을 내색하기도 하셨지만 그것 역시 아랑곳 하지 않았다.

내가 일상적인 농담을 거침없이 내뱉을 때는 " 그런 농담을 해도 되나요? " 라는 질문을 하기도 하셨다.

난 그분에게 자유를 주고 싶었다. 생각의 자유, 표현의 자유, 가벼움의 자유, 일상의 자유….

일상적인 이야기를 하면 가벼워 보이고 사람이 무게가 없어 보이고 우스워 보일거란 생각, 그런 생각들이 그분을 짓눌러서 상체를 뒤로 제껴지게 만들었고 쉽고 편하게 말할 수 없도록 만들어 버렸을 것이다.

일정기간의 교육을 끝내고 마지막 교육 날, 그분은 내게 선물이라며 작은 케익을 사오셨다. 그리고 초를 꽂고 불을 붙여주셨다.

그런것들 조차 가벼워 보이기에 한번도 해보지 못했던 것이였는데 나름 큰 용기를 내셨던 것이다. 그리고 또 하나의 케익을 보여주시며 이것은 집에 가져갈 거라고 말씀하셨다. 그리고 자녀들과 일상생활의 이야기들을 많이 해 보겠노라고….

그분의 변화와 노력에 박수를 보내드린다.

03

깨달음&변화

무엇인가 나에게 맞는게 있을 것 같다는 간절함에 그것을 찾고자 절실함을 느낄 때가 있었다.

내가 원하는 삶이 무엇이지? 그 고민에 잠 못 이루고 까맣게 밤을 지새우는 날들도 있었다.

보람찬 인생이라는 주제로 일기장을 가득 메우는 데도 답을 찾지 못하는 날이 있었다.

스피치를 접하면서 망치로 뒷통수를 한대 맞은 것 같은 느낌을 받고 내가 원하는 삶을 찾아가기 시작했다.

처음 성인들을 대상으로 스피치 강의를 시작하면서 아직도 생생하게 기억나는 교육생이 있다.

그분은 눈에 띄일 정도로 이쁘지도 않았고 특징이 또렷이 나타나도록 매력적인 분도 아니였다.

첫날은 이분이 우리 교육생이구나, 했었고 두번째 세번째 교육이 진행되면서 눈에 띄게 변화되는 모습들이 그 분을 자꾸 돌아보게 만들었다.

그분은 두 시간 강의 내내 내 눈과 마주치지 않는 순간이 없었고 자세와 표정에서 "이거야," 라고 말해주듯이 강의에 몰입되어가고 있었다.

네번째 다섯번째 강의가 이어질 때는 의상이 바뀌었고 헤어스타일도 바뀌었고 발표하는 내용 또한 체계적으로 바뀌어가고 있었다.

난 그분의 변화되어가는 움직임을 보며 강의의 보람을 느끼고 내일의 성취감을 느끼고 만족감을 느꼈다.

그분의 모습에서 내 모습을 보았기 때문이다.

내가 처음 스피치를 접했을 때의 느낌, 그 느낌을 그분이 받은 것이다.

그분이 스피치 교육을 신청한 이유는 "남편과의 싸움에서 이겨보고 싶어요" 였다.

난 그분이 스피치 교육을 마치고 나면 남편과의 싸움에서 이길 수 없을 거란 생각을 했다. 이길 일이 없을 거라는게 맞는 말인 것 같다.

그분은 남편이랑 싸울 일이 없을 것이고 그런 사소한 목표가 아닌 더 큰 목표가 만들어져 있을 테니 말이다.

역시나 그분은 교육 이후 확연히 달라진 모습들을 취하고 있었다.

하나를 알려주면 열 개를 받아들이는 분 중 한 분 이셨다.

일반주부의 편한 복장에서 깔끔하고 세련된 이미지로 바뀌었고 핵심이 없는 일상적인 수다스런 생활스피치에서 체계가 있고 핵심이 있는 대화체의 기법으로 바뀌어져 계셨으며 교육의 중요성을 깨닫고 교육을 사랑하는 분으로 바뀌었으며 지금 역시 교육을 하고 계시는 전문가가 되어 계신다.

내가 원하는 삶, 보람찬 인생…

이 분들을 보며 찾아가고 깨달아간다.

04
연단공포

한 남자분의 방문을 받았다.

훤칠하게 잘생기고 멋있는 분이셨다. 목소리가 크고 발음도 또박 또박했고 시에서 근무하는 공무원이시라 말씀하시는 부분에 명확성과 체계도 분명하였다.

한 마디로 자신감이 넘쳐 보이는 분이셨다.

"다 잘하셔서 제가 도와 드릴 일이 없을 것 같은데 무엇을 도와 드리면 될까요?"

"승진대상으로 승진을 하게 되는데 승진이 되면 앞에 나서서 해야 하는 것들이 많습니다. 원래는 작년에 승진을 해야 했는데 발표불안 때문에 제가 마다 했습니다"

너무나 안타까웠다. 연단공포 때문에 스스로 승진도 포기하고 있다니!

겉으로 보여지는 부분은 나무랄 곳이 없는 분이라 이분이 연단공포가 있다는 것이 믿겨지지 않았다.

연단공포 해소에 대한 부분은 몇 가지가 있는데 그 중 가장 쉽게 접할 수 있는 부분은 뭐니 뭐니해도 경험이다.

많은 경험 앞에서는 자연스러움 이외의 어떤 애드립도 가능하며 내

몸과 맘과 말이 자연스럽게 하나가 되어 움직여질 수 있어 듣는 청중들 역시 편안하게 들을 수 있게 된다.

그분과 연단공포 해소에 대한 교육이 시작되었다.

앉아서는 편안하게 대화를 잘 유도해 나가시던 분이 앞에 나가니 얼음이 되어 버렸다.

표정은 굳어 가고 자세는 경직되고 할 말은 잊어버리고...

자신의 모습에 부끄러움을 느끼고 바보스럽다는 생각에 집에 가고 싶다고 말씀하셨다.

"여기까지 오시기까지는 결코 쉽진 않으셨을 텐데 여기 아니면 어디 가서 연습 하시려구요?"

"준비 좀 해서 다시 올께요."

"이곳은 준비를 안해도 되는 곳이고 못해도 되는 곳이에요. 잘하시는 분은 여기 올 이유가 없어요. 이곳을 나가면 연습이 아닌 현실이에요. 이곳에서 마음껏 준비하세요."

그분은 연단공포를 이겨내는 것보다 자신의 체면이 더 중요한 분이셨고 나름대로 자기관리를 잘 하여 분으로 사람들에게 인정받는 사람이였기에 자신의 치부를 보이는 모습을 깨야하는 것이 더욱 더 싫은 이유였다.

난 그것을 직설적으로 지적했고 멋진 사람이기에 이것만 다져지면 더 멋있어질 수 있는 분이란 확신을 드렸다.

그분은 나를 믿었고 난 그분이 쉽게 연단공포를 해소 할 수 있을 것이란 것을 믿었다.

그분은 나약하지 않았으며 자신을 사랑하는 사람으로 자존심과 고집도 센 편이었다.

접하지 않아서, 스스로 경험하지 못해서 그 불편함을 가지고 왔을 뿐, 방법론만 알고 나면 쉽게 익히고 쉽게 이겨낼 수 있는 분이란 것을 난 알고 있었기에 그분 앞에서 당당히 큰 소리를 칠 수 있었다.

스피치는 다른 교육과는 조금 다르다.

자신을 표현해내야 하는 교육이니 만큼 자신의 의지 없이는 억지로 될 수 있는 부분이 전혀 아니다.

성인들은 필요성을 느끼고 찾아온 만큼 방법론에 대해 바뀌어질 수 있는 의식만 심어주면 얼마든지 잘해낼 수 있다.

초등학생들은 재미있게만 이끌어주고 칭찬만 듬뿍 주어도 쉽게 연단공포에서 해소되며 또다시 하고 싶어한다.

중, 고등학생들 같은 경우에는 엄마 손에 이끌려 울상을 짓고 억지로 오는 친구들이 있다.

필요성을 전혀 느끼지 못하는 친구들에게 교육을 하는 것은 진 빠지는 일이고 교육효과 역시 크게 나타나지 않는다.

스피치의 필요성에 대해 자세히 설명해준 뒤 네 결정에 의해서 다시 연락하라고 얘기해준 뒤에 상담을 끝낸다.

그분 역시 그렇다.

우린 성인이기 때문에 스스로 필요성을 인식해서 스피치 문을 노크한 것이다.

못하는 것이 아니라 안 해봤던 것 뿐이고. 창피한 것이 아니라 안 해봐서 불편한 것 뿐이다.

그런 불편함을 많은 경험과 쉬운 방법으로 알고 가면 모두가 해소할 수 있는 부분이였던 것이다.

우리들은 몸이 아프면 병원을 찾고 어딘가 이상이 있는 듯하면 검사를 해본다.

살면서 앞에 나서는 것이 두려워 회사에서 승진을 거부한다는 것은 노력도 해보지 않은 불편함 때문에 너무 많은 것을 잃고 사는 것이다.

연단공포는 고칠 수 없는 장애가 아니다. 고치고 바뀌어질 수 있는 작은 불편함일 뿐이다.

05
급한 성격

재개발 위원장 선거를 앞에 둔 남자 한 분이 내 집 들어오듯이 시끌벅적하게 문을 박차고 들어오셨다.

"무슨 일이세요?"

"응, 여기가 그 스피친가 먼가 머 말하는 거, 머 그런 거 가르쳐주는 데예요?"

"네, 그렇습니다."

"나 좀 해줘봐요. 연설문은 여기 있고 내가 몇 일 있음 이거 연설을 좀 해야 하는데 혼자 하려니 막막해, 돈은 얼마예요? 어떻게 하면 되는 거야?"

아이들이 갖고 싶은것 눈앞에 놓고 보채듯이 막무가내로 들이닥친 이분을 보고 참 성질 급하신분이구나 싶었다.

가지고 오신 연설문 원고로 연설교육을 시작했다.

평소 말씀하시는 부분과 크게 다르지 않았다. 마음이 앞서 앞에 것은 채 읽지도 않고 뒷 문장에 벌써 눈이 가 계셨구 마음이 급하다 보니 읽는것 또한 알아 듣기도 어려울 만큼 빨랐다.

강, 약 포인트는 아예 무시 되었구 감정이입은 전혀 찾아볼 수 조차 없이 줄줄이 읽기에만 바쁘셨다.

그러다 보니 듣는 사람들을 바라볼 여유는 더욱 더 없을 터였다.

이것이 혼자 앉아 책을 읽는 것과 다를 것이 무엇이겠는가?

그분이 연설을 하는 이유는 위원장이 되면 다른 누구보다 열심히 잘 해낼 테니 뽑아달라는 것일 테고, 그러기 위해선 믿음과 신뢰를 주는 확신이 들어가야 할 것이고 그분의 연설을 듣고 있는 대상들은 그 지역의 주민들일 텐데, 주민들 역시 젊은층보다는 그 부분에 관심이 많은 어르신들이 많이 계실 터인데 그렇다면, 어른들께 인정받는 사람으로 친절과 자상함이 묻어나야 할 것이다.

연설 역시 큰 소리로 외치고 주장하는 시대는 지났다.

문구 하나 하나에 감정이 실어져야 하고 내가 꼭 당부하고 싶은 말엔 확신이나 의지가 차 있어야 하고 말 뿐 아닌 표정도 살아있어야 하며 내가 주장하는 말과 나는 하나가 되어야 한다.

원고를 작성하는 것도 마찬가지다.

요즈음은 전문가들에게 아무 생각 없이 원고를 의뢰하는 경우가 많이 있다. 그렇기에 훌륭한 말들은 담아져 있는데 다 형식적인 원고들 뿐이다.

주장은 내 생각이고 내 의견인데 남이 써준 글귀로 내 마음을 담아 표현해 낸다는 것은 정말 대단한 전문가라고 할 수 있다.

살은 전문가가 붙여낸다 하더라도 내가 하고자 하는 핵심적인 부분에 대해선 그것이 뼈대로 형성되어야 한다.

뼈가 탄탄하게 만들어진 다음에 살이 돋고 피가 도는 것처럼 전문가에게 의뢰를 하더라도 자신의 의지 만큼은 원고 안에 들어 있어야 한다.

그분과 나는 머리를 맞대로 원고 작성부터 다시 하기 시작했다.

그분이 주민들께 꼭 하고 싶은 말, 위원장이 되어서의 각오, 다짐, 지금의 그 분 심정, 현실적인 지금의 마음을 담아 원고를 완성했고 그분은 정말 자기의 맘이라고 이게 내가 하고 싶었던 말들이라고 반가워하시며 좋아하셨다.

그리고 천천히, 꼭 당부하고 싶은 말에선 호흡을 한번 더 쉬고 간곡히 부탁하고, 꼭 뽑아달라는 부분에선 간절함도 실었다.

그분은 그렇게 걸음마부터의 연설을 시작했는데 다른 무엇보다도 원고에 대한 애착을 크게 가지셨다.

연설은 그게 시작일 것이다. 내 원고, 내가 하고 싶은 말, 내 뜻이 담겨진 것이 진정한 연설이 될 수 있는 것이다.

06 시선처리

대학졸업을 두 달앞둔 사회 입시 초년생이 찾아왔다.

2월에 졸업을 하면 초등학교 교사가 된다는 25살 청년이었다. 교사가 되고자 하는 꿈은 엄마 아빠가 교사로 현직에 계시면서 자연히 얻어진 꿈이라고 했다.

그 친구는 다른 꿈은 한번도 생각도 해본적 없는 반듯한 도덕선생님 같은 친구였다.

이제 25살, 두달이면 졸업, 사회에 첫발을 내딛을 설레임이 가득한 젊은 친구, 곧이어 만나게 될 초등학교 친구들과의 만남.

그냥, 듣고만있어도 가슴이 마구 뛰는 설렘을 느끼게 하는 친구였지만 이 젊은 친구에게 설레임이나 행복한 긴장감은 크게 느껴지지않았다.

"아이들 좋아해?" "아니요"

"아이들 만날 생각하면 어때? "걱정돼요"

"학교에 선생님으로 가면 뭐가 제일 걱정스러워?" "학부모님들이요"

여러가지 대화를 유도해 보았지만 단답식의 대답외에 돌아오는 것은 아무것도 없었다.

"내가 어떤 것을 도와주면 되겠니?"

"말잘하는거요."

"잘하려 노력하지 않아도 돼. 그냥 너와 함께 있는 사람과 소통만 되면 그게 잘하는거야. 선생님은 너와 많은 얘기를 하면서 진정성있는 대화를 해보고 싶은데 네가 단답식의 대답만 해주니 자꾸 질문하는게 미안해지는걸?"

대답도 단답식이였지만 바라보는 눈빛은 슬쩍 슬쩍 옆 눈질을 하는 모양새가 째려보는 것으로 오해하기에 딱 좋은 눈빛이였다.

마주하고 있을 때는 고개를 반듯하게 들지 않아서 검은 눈동자가 제대로 보이지 않고 흰 눈동자가 더많이 보이는 매서운 눈빛을 하고 있었다.

대화를 하면 할수록 나이에 비해서도 더 순수하고 착하고 천진난만한 청년이였음에도 불구하고 고등학교때는 눈빛 때문에 선배들한테 불려간적도 있었다고 한다.

이 친구가 자리에 앉아 대화를 하는 순간부터 일어서서 발표를 하는 모습. 전부 다른 동영상으로 찍어 스크린상으로 보여주었다.

같이 앉아서 동영상을 보면서 피드백을 해나가는 방법을 선택했다.

"너 왜 자꾸 나 째려봐. 뭐 기분나빠?" 장난스럽게 던지는 나의 말에 "안째려 봤는데요…" 민망하고 쑥스러운 미소를 던지면서도 그 친구는 스스로 자신이 개선해야 할 점들을 찾아내기 시작했다.

눈시선을 고치는게 아니라 자세를 바로잡고 고개를 반듯하게 세우는 방법을 선택했고 시선을 옆으로 향해야 할 때는 시선뿐아니라 고개와 어깨까지 돌려야하는 방법을 알아냈다.

네, 아니오의 단답식 닫힌 대답보다는 상대방이 이해하기 쉽도록 풀어서 답변하는 개방형 대답 방법을 하기위해 노력했다.

그렇게 의도적으로라도 노력해야 함을 유도하는 것은 어렵지않았다.

"네가 학교에 가면 학생들과 학부모님들과 상담을 해야할 일들이 많을텐데, 네가 질문할 때마다 말없는 부모님께서 네, 아니오. 단답식 대답을 해오면 너는 너무나 많은 질문들을 구상해 내야 할 것이고 그런 대화는 참으로 힘들어질거야. 그때는 편한 상담이 아니라 불편하고 힘든 공감대 형성이 전혀 이루어지지않는 엇갈린 얘기만 나누다 마는 시간을 갖게 될거야."

친구는 현실이 코앞에 와 있기 때문에 더 빨리 그 말뜻을 이해하고 의도적으로라도 열린질의응답을 하기위해 여러가지 방법들을 시도하기 시작했다.

말을 못한다고 하는 이들을 보면 정말 말못하는 사람들은 없다.

방법을 몰랐을 뿐이고 살아오는 동안 외부로부터 나도 모르게 만들어진 습관들이 나를 편안하게 만들어주지 못했던 것 뿐이다.

내가 말을 잘 못한다는 생각이 든다면, 왜? 무엇이? 나를 불편하게 만들까를 생각해보는것도 중요하다.

그것은, 어렸을 적 안좋은 기억이 될 수도있고 엄격한 가정환경에서 만들어진 불 필요한 습관들이 될 수도있다.

대인관계에 대한 문제일 수도 있고 자신감결여에 대한 부분일 수도 있다.

100세 시대를 살아가는 지금, 돈과 건강, 친구만 있다면 얼마든지 행복하게 살아갈 수 있는 현대시대에 할 말을 제대로 표현하지 못하고 산다라는 것은 너무나 안타깝고 슬픈 일이다.

할 말을 다하고 살자라는 얘기는 아니다. 내가 필요로하는 순간, 해야하는 순간, 내 의견을 효과적으로 말할 수 있는 정도는 되어야 한다는 얘기다.

　말에 관한 책은 서점에 너무 많이 나와있다. 책을 읽어보는 것도 방법이기는 하나 내용을 모르는 상태에서 읽는 책은 더욱 혼란스러워 질 수도 있다.

　가장 좋은 방법은 내가 불편한 부분을 해소하기 위해서 전문가와 만나보고 그 후에 책을 보면 두배이상의 효과를 볼 수 있을 것이다.

07
모방의 힘

　스피치의 중요성을 잘 알고 계시는 어머님께서 군대를 갓 제대한 둘째 아들을 데리고 스피치교육원에 등록했다.

　둘째아들은 원만한 친구였기 때문에 기본교육을 이수하고 더 잘하고 싶은 마음에 심화교육을 마치고 스피치대회까지 나가서 많은 사람들앞에서 프리젠테이션을 함으로 인해서 자신감을 크게 가지고 수료했다.

　그 이후,

　중국에서 경영학을 전공하는 형이 방학중에 한국에 와서 스피치문을 두드렸다.

　장동건만큼이나 잘생긴 친구였고 성격 또한 사회성이 너무 좋은 친구였다.

　이 친구들을 잘 키워낸 부모님들을 알지는 못해도 그냥 존경스럽게 느껴질 만큼 나무랄곳이 없는 친구였다.

　이 친구와 교육하는 시간엔 저절로 신바람이 났다.

　더 많은 것을 그 이상의 것을 최대한 알려주고 싶은 욕심이 생겨날 만큼 이 친구는 나의 말 한마디 한마디를 놓치지 않고 접수하고 그 이상의 것들을 소화해냈다.

　눈에 보이는 교육효과가 최상이기 때문에 가르치는 사람으로서 더욱더 신이 날 수밖에 없었다.

　그 친구와의 교육은 목차나 일반적 진행상황과는 다르게 진행되었다.

　적극적이고 열정적이고 열심히 참여하는 그 친구에게 무엇인가 기억에 남는 한국에서의 방학을 만들어주고 싶었다.

　그 친구는 무엇이든 권유를 했을 때 NO라는 부분이 없었다.

　부담스럽고 불편할 수도 있을 만한 심화과정을 바로 들어갔을때도 OK했고 강사들이 강연하는 강사과정의 한 부분을 권했을때도 한번 해보겠다고 했다.

　"넌 무슨놈의 용기가 그렇게 넘치냐?" 물었을때 그 친구의 대답은 " 선생님께서 첫 시간에 그러셨잖아요. 무조건 해보라고. 망설이지 말라구요, 못하면 따라하기라도 잘 하라구요. 그래서 선생님이 시키는 대로 따라서라도 잘 해보려구요."

말은 따라서 한다고 겸손하게 대답했지만 그 친구는 무조건 따라하는게 아니라 그대로 받아들이기 위해 애썼고 응용하는 방법을 알아냈다.

나는 교육을 하면서 교육생들에게 스피치를 배운다.

이 친구에게도 역시 또 하나를 배웠다.

내가 부족한 부분이 있을 때 이렇게 적극적으로 해야 내것이 된다는 것, 어차피 해야할 것이라면 정말 열심히 해야 한다는것, 그래도 내것이 안될것 같은때는 잘하는 사람을 따라하는 모방이라도 해야 한다는것, …

중국들어가기전, 50명가량의 성인들을 대상으로 외부 스피치교육을 하는데, 그 친구에게 30분의 강연시간을 나누어주었다.

물론, 성인교육생들께 양해를 구했고 교육생들역시 강단에 서서 강의나 발표를 잘 하고 싶은 이들이기에 어린친구가 내는 용기를 흔쾌히 승낙을 하셨다.

어리고 젊은 친구가 큰 용기를 내어 한번도 해보지 않았던 강연을 준비해서 30분이라는 시간을 어른들께 강의한다라는 것은 결코 쉬운일은 아닐 것이다.

심장이 터질 것 같다라는 멘트와 함께 강연을 했고 처음에는 표정이나 눈빛, 자세에서 꽁꽁 얼어붙은 모습이였으나 시간이 지나면서 차츰 자연스러움을 찾아나갔다.

성인교육생들은 30분 강연이 끝난뒤, 아들 같은 젊은이에게 칭찬과 격려를 아끼지 않았고 큰 용기를 내어준 마음가짐에 뜨거운 박수를 보내주셨다.

앞으로 커나갈 아이이니만큼 매서운 피드백도 해주라는 당부에 개선되면 더욱더 좋아질 수 있는 부드러운 피드백도 실감나게 펼쳐주셨다.

이 친구가 마지막 수업을 하고 중국으로 돌아가면서 나에게 해준말은, "이제 무엇이든 다 할 것 같아요. 학교에서 하는 프리젠테이션은 친구들에게 알려주면서도 할 수 있을 것 같아요." 라고 말했다.

나 역시도 그 친구에게 인사를 전했다.

"나도 너처럼 무엇이든 다 할 수 있을 것 같다. 너의 그 용기와 도전의식을 보고 감동 받았거든…."

이것이 내가 스피치교육의 삶을 살아가는 이유일 것이다.

08
연단공포의 불안증세

어렸을때부터 친구들 상담을 도맡아 해오던 친구가 있다.

이야기하는 것도 너무나 좋아해서 청소년기에도 엄마의 친구들과 모여 수다떨기에 바빴던 친구이다.

결혼을 하고 아기를 낳고 일상적인 생활에 무료하게 젖어있는 친구가 하루가 멀다하고 무료함을 달래기 위해 학원으로 나를 찾아왔다.

교육하러가기에 바빴던 나는 친구를 데리고 교육장으로 향했고 그 친구는 말하는거 좋아한다며 꺼리낌없이 나를 따라 나섰다.

스피치교육은 시작되었고 평상시와 똑같이 교육은 진행되었다. 교육시간 내내 그 친구를 유심히 살펴 보았는데 친구는 눈이 말똥 말똥 해 가지고 알지도 못하는 낯선 스피치교육에 임했다.

자기소개하는 과정에서는 실전교육이 필요했다.

한명 한명 나와서 자기소개하는 시간이 진행되었고 그 친구의 순서가 다가왔다.

유난히 얼굴이 하얀 그 친구의 얼굴은 어느새 발그스름 해져 있었고 친구의 순서가 왔을 때는 망설이는 모습이 역력하더니 단상앞으로 나왔다.

친구는 말을 시작하지 못했다.

그 말많고 수다스런 친구가 앞에 나와 머뭇거리고 있는 모습을 보면서 나역시 당황스러웠다. 시간이 흐르고 시간이 흐르는 동안 친구의 얼굴은 빨개지다 못해 귀밑까지 빨갛게 상기되어 있었다.

나와 교육생들 모두 그 친구의 말이 시작되기를 긴장하면서 지켜보고 있었다.

그 친구는 여전히 말을 시작하지 못했고 눈만 껌벅 껌벅 감았다 떴

다를 반복했다.

조금뒤에는 한숨이 새어 나왔고 그 한숨소리가 너무나 커서 우리모두를 더욱더 긴장하게 만들었다.

그 긴장의 깊이는 시간이 흐를수록 더해갔다.

우리 모두는 그 친구의 한마디를 기다리고 있었고 그 친구는 얼굴과 목, 귀밑까지 발그스름한 모습을 하고는 한숨을 토하며 눈을 껌벅거리고 조금뒤에는 손과 발을 움직이지 못했다.

들어가도 된다고 했으나 친구는 나의 말이 들리지도 않는지 자리에서 꼼짝도 하지 않았다.

우리는 모두 더더욱 긴장하고 있었다. 그 친구가 긴장하는 모습을 보며 우리 모두는 그 친구와 동일시한 긴장된 모습을 취하고 있었다.

시간은 자꾸만 흐르고 있었고 시간이 지날수록 그 친구의 불안증세는 하나씩 더해만갔다.

조금뒤에는 심장이 터질듯한 한숨소리를 내더니 급기야는 눈물과 함께 울음을 터트렸다.

"도저히 못하겠어" 한마디를 내뱉고는 자리에 돌아와 앉았다.

교육생 어느 누구도 그 친구를 비웃거나 흉보는 사람은 없었다. 그 마음을 똑같이 이해했을 것이고 우리모두가 공감하는 이유중 하나였기 때문이다.

말 그대로 연단공포일 뿐이다.

좋아하는 사람앞에서, 친한 사람앞에서 말을 못한다면 그건 정말 문제일 것이다.

하지만 우리가 해야하는것은 어떠한 상황, 기회, 사람, 어느누구앞에서나 어떤 상황에서나 쉽게 효율적으로 말하기 위해 이자리에 왔던 것이다.

친구는 나와 다른 사람들, 또다른 상황, 여러가지의 여건앞에서 불안증세를 가졌을 뿐이다.

불안증세는 누구나 가지고 있는 것이지만 그중 상황에 따라 조금더 심한 불안증세가 외부로부터 나타났던 것 뿐이었다.

가장 공포스런 순간의 순위안에 드는것중 하나가 연단공포라 했다.

누구나가 느끼는 것이지만 그중 상태에 따라 나타나는 현상이 다를 뿐이다.

어떤이는 가슴이 두근거리고, 어떤이는 손과 발이 떨리고 어떤이는 얼굴표정에서 근육이 움직이거나 얼굴색이 달라지는 것으로 나타나고 어떤이는 이와 같은 현상이 다같이 움직이면서 심한 경우에는 열이 심해지면 눈으로 올라오는 것처럼 눈물로서 표현되는 사람들도 있다.

교육을 끝내고 다른곳으로 이동하는데 친구에게 문자가 왔다.

"친구야, 이 시간이면 매일 동네 사람들과 커피마시며 수다떠는 시간인데, 너 때문에 많은 것을 배웠다. 고맙다.친구야"

친구를 망신시키기 위한것도 아니였고 친구의 불안심리를 모르고 방치한 것도 아니였기 때문에 친구의 이런 문자가 고맙기까지 했다.

나를 정확히 알고 있는 것은 너무나 중요한 일임에 하나이다.

친구는 자신의 재능이 너무 많음을 알고 있고 그또한 나도 알고 있다. 자신의 좋은 재능에 부족한 부분은 더해가고 자신의 재능의 장점을 부각시키는 것은 아주 중요한 요소중 하나이다.

나는 장점이 많은 내 친구의 재능을 부각시켜주고 싶었고 개선되어야할 점을 알고 더욱 성장하는 계기를 만들어주고 싶었다.

지금 이 친구는 스피치전문강사로서 초등학교 친구들에게 스피치를 강의해주고 있다.

09

대인공포가 만든 두려움

스피치교육원 가까운 인근학원에서 태권도장을 하고 계시는 관장님이 계셨다.

태권도 상담을 하기위해 관장님을 만났는데 남자답고 잘생긴 훌륭한 외모와는 달리 쑥스러워하시는 모습이 역력했다.

태권도 얘기도 확신이 들지않는 의기소침한 느낌으로 답하셨고 태권도이외에 다른 대화는 너무 쑥스러워하셔서 더 진행하기가 민망해질 정도였다.

내가 유치부 미술학원하면서 스피치를 같이 하고 있던 시기라 우리 원의 유치부 어린이들에게 유아태권도를 지도해달라고 부탁하고 있는 참이였다.

상담을 마치고 나오는데 뭔가 모르게 조금 이상하다는 생각이 들었다.

우리가 흔히 예상하고 알고 있었던 씩씩하고 자신감 넘쳐야 할 태권도 관장님의 모습과는 사뭇 다른 분위기였던 것이다.

신학기 오리엔테이션날, 관장님께서 학부모들이 모여계신 자리에서 유아태권도 설명을 하는 날이였는데 나는 사뭇 걱정스러워졌다. 나에게 비친 그 모습이 혹여나 나타나실까.....

설명회를 오신 관장님옆에는 친숙한 후배라고 하시는 다른 원의 관장님께서 동행을 하셨고 후배 관장님께서 유아 태권도 설명을 아주 상세하고 효과적으로 잘 전달해주셨다.

직접 진행하셔야 할 관장님께서는 옆에서 시범을 보여야 할 때에 직접 몸으로 태권도 시범을 보여주셨는데 시범을 보이는 모습은 말씀하실때와는 전혀 다른 분위기로 너무나 멋진 모습을 선보여주셨다.

내가 스피치강사가 아니였다면 관장님을 뵙고 안타까운 마음을 갖지 않았을런지도 모른다. 스피치를 지도하고 있는 강사이기 때문에 아무래도 나에겐 직접 본인의 소개나 유아 태권도의 필요성, 중요성을 전문가임에도 설명하지 못하는 관장님이 안타깝게 느껴지기만 했다.

관장님께 스피치교육을 조심스럽게 권했다.

얘기를 듣고나신 관장님은 두손을 완강히 저으면서 그런것은 절대 못한다고 단호히 말씀하셨다.

나는 기회가 있을때마다 여러번 스피치교육을 권했고, 어느날 교육 중에 슬며시 문밖에서 바라보고 있는 관장님을 발견했다.

들어오시라고 재촉했지만 극구 사양하며 구경만 하고 갈 것이라고 했다.

들어와서 구경해도 된다고 했더니 그럼 아예 없는사람이라 생각하고 진행하라고 말씀하셨다.

관장님의 부담스런 마음을 이해하기에 전혀 신경쓰지않고 교육을 진행했고 교육 중간 중간에 바라본 관장님의 표정은 매우 호기심있는 표정으로 변해가기 시작했다.

교육이 끝나갈 무렵, "오셨는데 인사라도 하세요"라고 했더니 화들짝 놀라시며 "아유 저 쳐다보지 마세요. 저는 없는 사람이예요" 라며 도망치듯 자리를 빠져나가셨다.

저렇게 쑥스러움이 많으신분이 어떻게 학부모상담을 진행하고 원을 운영하시는지 도무지 이해가 가지 않는 상황이었다.

며칠뒤, 관장님께서 조용히 우리원을 방문하셨다.

그리고는 스피치에 대해 이것저것 물어보시며 교육생들에 관한 질문도 여러가지로 묻고하셨다.

깊은 대화가 오고 가다보니 어린시절부터 내성적인 관장님께서는 대인관계에 대한 불편함을 많이 갖고 계셨고 원을 방문하는 학부모님들은 인근에서 어린이집을 운영하고 계시는 아내분이 상담을 도맡아 오셨던 것이다.

난 관장님께 적극적으로 스피치교육을 권했다. 언제까지 누군가의 도움을 받으며 원을 운영할 수 는 없는 것이였고 무엇보다도 씩씩하고 자신감 넘치는 태권도 관장님께서 이렇게 소심한 성격을 갖고 계신다는것은 납득하기 어려운 상황이였던 것이기에 안타까움은 두배로 커졌다.

관장님께서는 저만 믿고 해보시겠다는 의지를 굳히셨고 다음 교육시간에 교육에 임하셨다.

조건은 분위기에 익숙해질 때까지 말을 걸지 않겠다라는 것이였다.

강의를 진행하고 다른 교육생들이 연단앞에 나와 실전연습을 하는 것을 보시더니 본인의 얼굴이 더 홍당무가 되어있었다.

1회 2회 강의가 진행되고 관장님께서 연단앞에 나오셨다.

나오시는것도 천천히 나오시더니 연단앞에 서서 실실 웃기만 하시고 말을 시작하지 못하였다.

천천히 나오시는 만큼 바라보는 사람들의 긴장감은 더했고 연단앞에서 불안감에 벌벌떠는 관장님의 모습을 보는 사람들은 관장님 만큼이나 조바심을 갖고 숨을 죽인채 관장님의 얘기를 기다리고 있었다.

좀처럼 쉽게 말은 시작되지 못했고 얼굴이 발갛게 상기되더니 심호흡을 몇번 하시고는 시작하려던 참에 다시 웃음을 터트리시고 포기상태로 되돌아가고 되돌아가는 것을 여러번 반복했다.

지켜보던 다른 교육생분들도 처음엔 같은 마음으로 긴장하고 계시는듯 하더니 반복되는 실수에 같이 웃음을 터트리시고는 했다.

연단앞에 나와있는 연사는 청중을 웃게 할 수는 있어도 본인이 청중보다 더 길게 더 많이 웃는것은 우스꽝스러워 질 수 있는 모습이다.

생각해보라. 바라보는 관객들은 무표정한 모습으로 지켜보고 있는데 개그맨이 혼자 말하면서 혼자 웃음을 터트리는 모습이 어떠할는지....

연단앞에 나와 웃기지도 않는 모습에 혼자 소리내어 웃는다는 것 역시 불안증세의 하나라고 볼 수 있다.

관장님께서는 대인공포를 가지고 있어서 사람들과 어울리는 것을 싫어한다고 하셨지만 그것은 아니었다. 대인공포를 가지고 있다면 외부로 나오는 것 역시 불가능할 것이고 원을 운영한다라는 것은 꿈도 꾸지 못할 것이다. 사회성 부족으로 인한 직장생활은 실로 힘들 것이다.

이것은 대인공포라고 하기보다는 연단공포에 크게 해당하는 것이고 1대1의 대화가 불가능한 것은 성격적인 부분에서 내성적이고 자신감이 부족한 부분이라고 볼 수 있다.

크게 보면 사회성이 떨어지는 것이라고도 할 수 있지만 그렇지도 않은 것이 많은친구는 아니더라도 한번 친해지면 오래 가는 친구들이 많은 것은 사회성 부적응자라고 보기도 어렵다.

그저 낯선 환경이나 낯선 사람들에게 쉽게 다가가지 못하는 내성적인 성향의 사람이라고만 단정하고 단기간 보다는 장기간 교육에 임할 것을 권하였다.

남들이 3개월 교육받을 때 남들보다 두배로 더 기간을 잡고 갈 것을 계획했고 6개월이 아니라 더 이상이 될 수도 있을 것이라 미리 말씀드렸다.

그리고 그렇게라도 같이 가보자 했다.

감사하게도 관장님은 내 손을 잡고 가겠노라고 했고 우린 3개월 교육과정이 세번이나 바뀔때까지 같이했다.

관장님은 이제 능글 능글하리만큼 여자분들과 장난도 잘치고 앞에 나서서 발표하는 것이 천성이라고 넉살 좋게 말할 만큼 능구렁이가 되어 있다.

감사한 것은 포기하지않고 성실하게 교육에 임해준 것. 그것이 가장 감사하고 나를 보람되게 만든 사람중 한분이란 생각에 지금도 잊지않고 있는 분이다.

10

짧고 명료한 논리적 스피치기법

젊은 친구가 스피치를 배우겠노라고 방문했다.

개인적으로 대화를 나누어 보았는데 대화하는 것에는 너무나 편안하고 침착하게 잘 소통이 되어지는 친구였다.

그 친구에게 느껴지는 분위기는 참으로 어른스럽구나… 그리고 참으로 무게가 있는 친구구나…듬직한 친구구나…라는 느낌이였다.

편안한 분위기 속에서 교육이 진행되었고 그 친구는 받아들이기 위해 열심히 기록하는 것을 중요시하는 친구였다.

그 친구가 무엇인가를 기록하는데 시간을 두기 위해서 나는 강연을 하면서도 한동안 뜸을 들이거나 기다리는 역할을 해 주어야만 했다.

하나라도 빠트리지 않고 놓치지 않으려 하는 그 친구의 모습이 예뻐 보였다.

사람을 좋아하는 친구라 대화를 좋아했고 대화하는 동안 여러가지 질문등을 통해 대화를 끊기지 않고 매끄럽게 잘 이어가는 친구였다.

교육이 시작되고 보니 연단공포도 크게 없었고 연단을 활용하는 모습 또한 자연스럽고 편안한 모습이였다.

너무 편안해서 였을까? 길게 이어지는 에피소드 스토리텔링은 크게 문제가 없는데 짧고 간략하게 요약해서 발표하는 부분에서는 요약이 안되는 것이 문제였다.

　요즈음 사람들은 길게 늘어지게 말하는 것을 좋아하지 않는다. 단체나 모임을 많이 하는 사람들이라면 누구나 잘 알것이다.

　어느 행사든 행사에 가보면 행사가 시작되고 주최측의 인사말이 시작되면서 축사, 격려사가 끝도 없이 이어지는 경우가 많이있다. 듣고있는 청중들은 정말이지 빨리 끝나기만을 기다리는 시간중 하나이다. 그런데 그렇지 않은 경우도 있다.

　연설문의 형식은 갖추었지만 형식적이지 않은 자연그대로의 이야기를 흥미롭게 하시는 분이라면 귀가 쏠깃해지면서 그 이야기에 빨려들어가는 경우도 있다.

　정말 재미있고 흥미진진한 이야기거리가 아니라면 차라리 짧고 간략하게, 요점만 이야기해주는 것이 듣는이에게는 훨씬 더 효과적일 수 있다.

　그렇게 하기위해선 요약을 잘 해야하는데 어떻게 전달하고자 하는 메시지를 논리적으로 표현해낼 수 있을까?

　주제에서 벗어나지 말아야한다. 이야기를 진행하다보면 이야기가 이야기를 낳고 그 이야기가 또 이야기를 낳는 경우가 있다. 그것이 바로 배가 산으로 간다는 것이다. 고향의 간절함을 말하는데 고향에 계신 아버지가 생각난다. 그러면 아버지와 있었던 추억을 이야기하고 그러다보니 어린시절을 이야기하고 어린시절을 이야기하다보니 소꿉친구가 생각나서 그 친구와의 기억들을 떠올리며 말하게 된다. 마무리 과정에서 정리를 잘해서 말한다면 그나마 이 모든 것이 고향의 간절함이라고도 말할 수 있다. 하지만 그 친구와의 기억에서 머물러서 그 친구와의 에피소드를 이야기하며 끝낸다면 고향의 간절함이 아닌 친구라는 주제로 바뀌어 버리는 경우가 생기는 것이다. 이것 역시 크게 나쁘지않다. 스피치가 실패로 되는 경우는 고향의 간절함을 말하려다가 친구이야기를 하는 과정에서 내가 지금 뭘 말하려고 했었지? 라며 자신이 하고자 하는 주제도 잊어버리는 경우가 있다. 그러면 마무리도 못하고 당황하다가 내려오는 경우를 많이 보아왔다.

직진으로 가든 우회해서 돌아가든 말하는 연사는 말하고자 하는 주제로 시작해서 마무리 역시 그 주제로 끝내주는 것이 가장 바람직하고 맞는 경우라 할 수 있다.

논리적으로 표현할 수 있는 또 하나의 방법은 구체적 설명이 장황하게 늘어지지 말아야한다. 말하고자 하는 핵심을 먼저 한 문장으로 전달하고 핵심을 이해시킬 수 있도록 부연설명을 간략하게 전달해주는 정도가 가장 좋은 방법이다.

예를 들어 주제가 말의 중요성이라고 해보자. 전달자는 자신이 말하고자하는 핵심만 먼저 던져주는 것이다. -저는 말을 잘 해야 한다고 생각합니다.- 이것이 전달하고자하는 핵심의 전부인것이다. 그런데 듣는 사람은 조금 서운하다. 그렇기 때문에 핵심에 대한 부연설명을 다시 한번 살짝 짚어주는 것이다. -요즘은 자기PR의 시대이며 인간관계가 중요시되고 있는 더불어 사는 시대이다. 그렇기때문에 커뮤니케이션 능력은 인간관계에서 빼놓을 수 없는 중요한 요소라고 볼 수 있다.- 간략하게 부연설명을 하자면 요정도의 뒷바침 설명으로 듣는 이에게 이해와 설득을 시킬 수 있는 것이다.

그 친구에게 안타까운 부분은 뒤에 오는 뒷바침 설명이였다.

부연설명이 너무 구체적으로 진행되다보니 배가 산으로 가는 겪이 되고 반복적인 이야기가 너무 많이 나오고 그러다보니 듣는 사람은 지루하고 지겨울 수 밖에 없는 것이다.

정리를 한다면 논리적기법은 말하고자 하는 주제를 먼저 명확하게 전달하라. 그리고 그것을 쉽게 이해시키기 위한 부연설명을 보충설명으로 하라.

11
이기는 대화법

말을 잘 한다는 분이 계신다. 자신감이 넘치는 모습이 늘 보기좋은 모습이기는 하나 너무 넘치는 자신감에 다른 사람을 보지못하는 자기

중심적 부분이 안타까운 분이시기도하다.

말을 잘한다와 말이 많다를 우리는 구분할 줄 알아야한다.

대체적으로 말이 많은 사람을 사람들은 말을 잘한다고 혼돈하는 경우가 많이들 있다.

말을 많이 하면서 재미있게 잘하는 사람, 말을 많이 하면서도 재미도 없는 사람, 말을 재미있게 잘하면서도 다른 사람말도 재미있게 잘 들어주는 사람, 말을 잘하는데 남의 말을 잘라버리고 말을 독점하는 사람.

대체적으로 말을 잘한다하는 사람들이 말을 많이하고 독점하는 경우가 흔히 있다.

잘 생각해보면 말 잘하는 후배가 독점해서 말을 하는 경우는 많지않다. 거의 선배일 경우의 확률이 많으며 연배가 많으면 많을수록 확률은 더 높아진다.

정말 좋은 대화법은 A:B;A:B교대순서에 의한 방법이라고 할 수 있다. 내가 말했으면 상대방의 이야기도 들어주고 상대방이 할 이야기가 없을 때는 크게 관심이 없다는 이유일 수도 있으니 화제를 바꾸어 이야기 할 줄 도 알아야한다.

둘이 하는 대화는 그래도 안정적이라고 할 수 있다. 상대방이 비호감이나 아주 싫은 상대가 아니라면 대화는 어느정도 진행되기 때문이다.

문제는 둘 이상이 되었을 때이다. 말의 독점은 둘 이상 다수가 모여

있을 때 흔히 나타난다.

어떤 사람은 모인 내내 말 한마디 없이 계시다 가는 경우도 있다.

리더쉽 팔로워쉽, 너무나 중요하게 생각하며 다루고 있는 사람들이 실전에서는 그 역할을 제대로 해내지 못하는 것이 바로 이런 것이라고도 할 수 있겠다.

보이지 않는 사람, 말없는 사람, 그들을 말하게 하고 움직이게 하는 것이 리더의 역할이고 팔로워의 역할일 수도 있다.

우리는 누구나 말을 잘하고 싶어한다. 그러나 말을 하는 방법을 찾지 못해 말을 하지 않는다.

말을 잘하고 싶은 이유가 무엇일까? 생각해보자.

상대방 앞에 놓고 나 혼자 말을 주저리주저리 재미나게 하고 싶어 말을 잘하고 싶은 사람은 아무도 없을 것이다. 상대방과의 교류, 공감, 공유를 잘 나누고 싶어 말을 잘 하고 싶을 것이다.

그렇다면 상대방이 한명이 아닌 다수의 경우엔 다수가 같이 공유할 수 있는 주제를 선택해서 말을 이어가면 될 것이다.

공통된 화제를 놓고 하는 데에도 말이 없는 사람이 있을 때 에는 그 사람에게 말할 수 있는 기회를 만들어 주어야 한다. 가볍게 요즈음의 안부를 전체가 들을수 있도록 얘기해달라는 권유를 하면서 말할 수 있는 기회를 줄 수도 있고 다른 사람들이 말하는 공통된 화제 속에서 어떻게 생각하냐는 질문을 통해 그 사람도 자신의 의견을 말할 수 있는 시간을 만들어주는 것이 혼자서 말을 잘하는 것보다도 더 중요한 대화를 잘 이끌어나가는 방법이라고 할 수 있다.

위에 말한 말씀을 잘한다는 그분은 정말 말씀을 잘 하신다. 하지만 보기 좋은 모습은 아니다.

말씀을 잘 하시면서 본인의 말을 너무 많이 하기 때문에 다른 사람이 말할 기회마저도 빼앗아 버리는 경우가 많이있다.

본인의 이야기를 장시간 이야기하고 다른 사람이 말을 이어 가려 하면 말머리만 듣고 나서는 다음을 이어가신다. 중간에 누군가가 화제를 바꾸어 말을 시작하면 그 역시 말머리의 시작만 듣고는 다음은 본인이 이어나가신다.

연배도 다른 사람들에 비해 많고 경험이 풍부하신 분이라 아는 것 역시 많다. 상식이나 지식 역시 많이 가진 분이라 모든 대화 부분에 막힘이 없는 것도 당연하다.

그래서 아는 만큼 보인다고 했듯이 보이는 것이 많기에 하고 싶은 말도 전해주고 싶은 이야기도 많을 것이다.

그분이 계신곳에선 늘 이런 대화가 익숙 하다 보니 함께 있는 사람들은 으레 들을 준비가 되어있고 소재만 던져 놓을뿐 자세한 설명은 아예 할 생각을 하지 않는다.

정말 대화를 잘 이끌어가는 사람은 내 앞의 사람을 나보다 잘난 사람으로 만들어내는 것이라고 했다.

말없는 사람이 내 앞에서는 말을 잘한다면, 말없는 사람이 나만 만나면 말이 많아진다면, 말없는 사람이 내 앞에서는 속내를 내 보인다면, 당신은 정말 대화를 잘 이끌어가는 사람이라고 할 수 있다.

1,2,3대화법이라고 하는 것을 누구나 많이 들어보았을 것이다.

1번 말하고 상대가 말하는 것을 2만큼 듣고 상대가 말하는 동안 3번의 맞장구를 쳐라.

누구나 말을 하고 싶어한다.

상대의 입을 열어주는 연습을 하자. 혼자 독점하는 것보다 두배의 즐거운 대화가 기다리고 있을 것이다.

12
간절히 원하면 이루어진다

아이를 낳고 보니 세상이 달라 보인다라는 말이 실감났다.

늘 보던 길가의 나무가, 늘 다니던 거리의 풍경들이 참으로 아름다워 보이고 정겨워 보였다.

사람들의 모습도 다정해 보였고 그다지 이뻐 보이지 않던 놀이터에서 뛰노는 아이들의 모습이 모두들 내 새끼처럼 귀엽게 느껴졌다.

아이와 함께하는 하루 시간이 너무 짧았고 입히고 씻기고 꾸며주며 함께하는 모든것들이 사라질 까봐 두려워 아이가 자라지 말았으면 좋겠다라는 어리석은 생각까지도 드는 나날이였다.

아이가 자라 어린이집에 첫 방문을 한날, 어린이집 선생님이 너무나 부러워 보여 첨으로 유치원 선생님이 되고 싶다는 생각을 했다. 그리고 유치원 선생님이 되는 꿈을 상상해보았다.

피그마리온 효과에서 말한듯이 간절히 원하면 이루어지는 것이 맞다.

그냥 부러워가아니라 너무나 하고 싶다는 간절한 마음이 나를 유치원선생님이 되게끔 만들어주었다.

하고 싶다는 마음이 너무나 깊다 보니 움직이게 된다. 정보를 찾게 되고 가는 길을 찾아 나서게 된다. 길을 알고 나면 그 길을 향해 나도 모르게 발길이 움직여지는 것이다. 첫 출발은 그때부터다.

나는 뒤늦게 공부를 하고 우리아이가 다니는 유치부 미술 학원에서 유치부 선생님으로 근무하게 되었다. 유치부 선생님으로 근무하는 동안 이렇게 즐거운 일을 하는데 거기다 급여까지 받는다는 것이 황송할 정도로 나는 내 일에 대단히 만족하고 있었다.

다음해 신학기 오리엔테이션을 하는데 당시원장님께서 학부모님들을 앞에모셔두고 설명회를 하셨다. 그 모습을 보고 나도 하고 싶다는 생각을 했다. 할 수 있을 것 같은 맘이 크게 들었다.

원장님께 나도 학원운영을 해보고 싶다는 이야기를 많이 했고 원장님은 더 큰 원으로 옮겨간다는 계획을 말씀해주시면서 원래 다른 원감

선생님께 인수인계해주기로 했던 학원을 열정이 넘치는 나에게 넘겨주시기로 결정하셨다고 했다.

　1년 뒤 나는 그 미술학원을 인수했고 미술학원에서 내가 아이들에게 주고 싶은 것을 마음껏 발산하며 신바람 나게 일했다. 우리 아이들을 어떻게 하면 똑똑하게 잘 키워낼 수 있을까를 고민하다 보니 말 잘하는 아이로 키우고 싶은 생각이 들었고 그래서 나는 스피치교육원을 방문하게 되었다.

　스피치교육을 2시간 듣는 동안 난 완전히 매료되었다.

　이것이다! 내 머리를 망치로 한대 얻어 맞은 것처럼 정신이 번쩍 들면서 스피치의 매력에 쏙 빠져들었다.

　스피치를 배우는 동안 그때부터 나는 또 다른 꿈을 꾸게 되었다.

　교수님처럼 많은 사람들을 앞에 모셔두고 강의를 하고 싶다는 생각을 했다. 그리고 상상을 했다.

　사람들이 많은 교육장에서 열띤 강의를 하고 있는 내 모습을 연상했다. 그런 연상을 하면 할 수록 마음은 급해졌고 빨리 하고 싶다는 욕구가 생겨났다.

　지금 생각하면 정말 무식하면 용감하다는 말이 맞는 것 같다. 강의계획서가 무엇인지, 과목소개서가 무엇인지, 기본적인 것도 모르는 내가 강의를 한다고 인터넷을 밤새 뒤적여가며 강의할 곳을 찾아냈다.

　바로 부딪쳤고 아무도 알려주는 이 없이 용감하고 씩씩하게 하나하나 알아내가며 강의를 하고 싶다는 마음 하나로 스피치 강사가 되었다.

지금은 그때를 생각하며 강사로서의 기본적인 것부터 알려주는 강사파견활동을 하고 있다.

아무리 지치고 피곤한 날이여도 강의를 하고나면 다시 에너지가 솟는다. 내가 이렇게 할 수 있었던 것은 내 노력이 아니다. 하고 싶다는 마음, 그것 하나가 나를 생각하게 했고 움직이게 했고 적극적으로 행동하게 했다. 하고 싶다, 하고 싶다, 되고 싶다, 되고 싶다… 정말 하고 싶은 게 있다면 계속해서 읊조리기만 해도 된다. 언젠가 움직이고 있는 내 모습을 발견할 것이고 그곳에 가있는 나를 확인하게 될 것이다.

13

인정받는다는 것

츄리닝을 입고 허술한 모습을 한 한 남자분께서 교육하는 것을 한번만 보겠다고 방문하셨다.

교육장 한 구석에서 없는 사람인냥 조용히 교육을 듣고는 내일 이 시간에 오시겠다는 말씀만 남겨두고 또 조용히 교육장을 나가셨다.

다음날 양복차림의 말쑥한 모습을 하시고 교육장에 들어오셔서 "내가 뭐 하는 사람 같아요?" 라고 물으셨다. "음…다른건 몰라도 사기꾼

같지는 않은데요."라고 나는 대답했고 엉뚱한 대답에 우린 둘이 같이 웃었다.

　알고 보니 초등학교 교감선생님이셨고 공모교장 면접을 앞에 두고 계시는 분이셨다. 두꺼운 서류뭉치를 건네주시며 이 부분을 교육할 수 있겠느냐고 물으셨다.

　쭈욱~~~ 훑어 보니 반복되는 부분도 많았고 요약하면 반은 줄어들 수 있는 내용들 이였다.

　다행히도 미술학원을 운영하고 초등학생들 보습학원을 운영하면서 교육적인 부분을 많이 알고 있었기에 서류뭉치에 있는 내용들은 쉽게 파악할 수 있는 부분들이였다.

　서류에 적힌 부분들을 가지고 나의 의견을 소신 있게 말씀 드렸더니 교감선생님 역시 본인의 이야기를 솔직히 털어놓으셨다.

　인천에 있는 스피치교육이라고 쓰여진 곳을 네 군데 다녀 오셨다고 했다. 어떤 곳은 웅변을 가르치고 있었고 어떤 곳은 서류를 내밀어 보였을 때 서류에 관한 내용들을 납득하지 못하는 분들도 계셨다고 했다. 그래서 우리 교육원 역시 신뢰를 하지 못했고 지푸라기 잡는 마음으로 교육하는 것이나 들어보자 했던 것이였는데 다행히도 나의 교육방법과 교감선생님께서 원하는 부분이 일치하는 것이었다.

　교감선생님과 나는 신뢰감이 형성된 상태에서 교육을 시작하였고 그 때문인지 손발이 척척 맞으며 서로가 원하는 호흡이 착착 맞아 들어

갔다.

교감선생님은 선생님답게 FM적인 부분이 많은 분이라 응용력이나 순발력으로 대응하는 부분이 약하셨지만 자신의 교육적인 의지와 확신이 강하신 분이라 그런 자신 있는 부분위주로 진행하였다.

하시고자 하는 열망이 가득한 분이라 분명 잘 될 것 같은 기분이었다.

차갑고 딱딱한 이미지에 도덕교과서에 나오는 것처럼 원론적인 것에 치중을 많이 두고 계시는 분이였는데 다른 것은 몰라도 노력부분에 대해서는 아무도 따라올 자가 없는 듯하였다.

남아있는 시간이 그리 많지 않고 짧은 시간안에 많은 것을 바꾸어 놓을 수는 없기에 습관적으로 만들어진 것들은 미흡하긴 하나 그대로 가져가기로 했다.

그 대신 자신있게 자신을 pr할 수 있는 부분들에 더욱 치중하여 면접준비를 시작하였다.

빈틈없는 자료정리, 반복되는 연습, 준비에 의한 철저한 노력이 뒷바침 되어 주는 분 이였기에 적극적으로 공모면접준비를 진행하였는데 다행히도 합격이 되어서 원하는 곳의 교장선생님이 되셨다.

목적을 달성하고 성취한다라는 것은 누구에게나 크나 큰 보람이고 행복이다.

교감선생님께서는 교장이 되시는 목적을 달성하셔서 커다란 행복을 누리시고 나는 그분이 교장이 되셨기에 함께 해냈다는 커다란 보람으로 행복을 누리게 되었다.

    누군가에게 인정받는다는 것은 행복이고 보람이다.

    빈틈없이 예리하고 날카로운 그분과의 만남은 나에게 충분히 흡족할 만한 만족감을 안겨 주었다.

    그것은 다름아닌 그분이 나에게 안겨준 인정이라는 부분이었다.

14
기분 좋게 비판하는 방법

    우리가 살아가면서 타인과 갈등을 겪고 신경전을 벌여야 하는 일들은 삶의 연속이라 할 만큼 번번이 일어나고 있다.

    누구나 이런 갈등을 겪고 싶지 않고 피하고 싶은 마음은 같으나 그것 역시 피할 수 없는 일들이라면 갈등을 잘 겪는 방법을 찾아가는 것이 더 좋지 않을까 싶다.

    갈등은 원인이나 결과가 문제라기 보다는 과정에서 일어나는 경우가 훨씬 더 많다. 하지만 우리는 갈등이 발생하고 나면 과정은 싹 없애 버리고 원인을 이야기하며 누구로부터 발생되었는지 책임을 묻기 바쁘다.

    그러다 보니 더 큰 갈등은 서로의 책임회피에서부터 더 크게 발생하며 해결방법을 찾기보다는 또 다른 갈등과정의 감정파괴가 결말의 전부인양 서로에게 제일 아픈 말로 상처 주는 말을 찾아내기에 급급하다.

그리고 뒤돌아서 후회를 하고 자신을 자책한다.

자 그럼 이제,

갈등이 일어났을 때 화가 났을 때, 감정이 복받쳤을 때 좀 더 효과적으로 해결하는 방법을 찾아가보자.

1. 갈등이 시작됐다는 것은 상대적인 거라 나에게도 책임이 있다는 사실을 우선 인식하고 시작하자.
2. 원인은 벌써 시작된 것, 왜 그랬는지에 대해서는 묻지도 따지지도 말아라.
3. 우선 상대를 채찍 하는 듯한 말투, 용어를 사용하지 말고 상대의 좋은 점을 말하라.
4. 문제를 해결 하기 위한 가장 좋은 방법만을 모색하도록 하라.
5. 혼자가 아닌 둘이 토의식의 방안을 모색하도록 하라.
6. 목소리가 커지거나 말이 빨라지거나 자신의 입장에서 강하게 말 하려 하지 마라

예를 들어 일방적으로 아이를 야단치는 방법 또한 마찬가지일 것이다.

야단이 목적이 아닌 다신 그렇게 반복되는 것을 겪지 않게 하려는 게 목적이란 걸 잊지 말아야 한다.

일반적으로 큰아이와 둘째 아이 자녀 둘을 가진 가정이 많다 보니 일반적인 가정의 예를 들어 보자.

큰아이가 둘째 아이를 때렸다. 둘째는 죽겠다고 울어 제치고 집안은 한 순간에 시끌 벅적한 난장판이 되고 엄마는 반복되는 아이들의 잦은 싸움에 소리를 지르고 아빠 또한 시끄러운 집안 분위기에 한수 거들며 큰 소리를 낸다.

이 때 무조건적으로 큰 아이를 막무가내로 야단치게 되면 문제는 큰 아이뿐 아니라 모든 이에게 돌아간다는 사실을 인식해야 한다.

1. 큰 아이는 자신에게는 자괴감이 들면서 동생이 그냥 미워지기 시작한다.
2. 큰 아이는 엄마아빠가 자신을 미워한다고 생각하며 동생만 예뻐한다고 생각하며 가정에 대한 불평불만이 생겨나기 시작한다.
3. 부모님 역시 아이를 야단치고 난 뒤라 기분이 씁쓸하고 생활이 지겹게만 느껴진다.
4. 동생 역시 부모님 눈치, 큰 아이의 눈치를 살피는 눈치꾸러기가 된다.

위의 같은 문제를 놓고 긍정적인 해결방안으로 대화체방식을 사용해보자.

큰 아이에게 칭찬을 해주며 잘못을 지적한다.

"어머나 세상에 우리 속 깊고 마음 넓은 큰 아이가 왜 동생을 때렸을까? 동생을 무지 사랑하는 아이인데, 동생이 많이 아팠나 본데 마음넓은 큰애가 동생한테 어찌 해줄지 엄마가 기대되는데? 동생이 많이 아프고 속 상한가보다. 넌 원래 그런 친구가 아니니까 동생 좀 달래 줘봐. 넌 할 수 있어. 넌 동생보다 훨씬 대단하고 훌륭한 아이거든, 네가 한 행동이니 네가 해결해볼래?"

같은 내용으로 책임을 부여했을 때 결과는

1. 큰 아이는 잘못을 했음에도 불구하고 자아존중감이 생긴다.
2. 동생에게 미안함과 책임감을 느낄 수 있고 동시에 해결방안을 여러가지로 모색하려는 창의적인 아이가 될 수 있다.
3. 부모님께 원망보다는 존경하는 마음이 생겨난다.
4. 가정에서 싸늘한 기운보다는 따스한 분위기를 만들어 갈 수 있다.

물론 이와 같은 이론적인 이야기들이 어려운 것은 사실이다. 위와 같은 내용을 모르는 사람도 없을 것이다.

감정이 복받치는데 어찌 화를 참느냐 하겠지만 그것이 노력이 되는 것이고 그런 노력이 습관이 되어질 것이다.

화를 다스리는 법, 참는 것은 능사가 아니다. 참는 것은 병이 되는 것이니 참지 말고 긍정적인 방향으로 문제해결을 하도록 하라.

15
간절히 원하면 이루어진다

필자의 친언니 이야기다.

언니와 통화를 하게 되었는데 싸늘하면서 고음의 떨리는 목소리가 역력했다. 굉장히 예민한 상태에 있음을 목소리 만으로도 알 수 있었다.

"무슨 일 있어?"

"응. 왜?"

"뭔 일 인데, 말해 바."

"나중에 할께, 나 지금 태영이 새끼 올 때만 기다리고 있어."

태영이 새끼는 언니의 형제자녀 둘 중 장남 큰 아들로 고 3 수험생 학생이다.

"태영이 언제 오는데?"

"6시"

통화시간을 보니 오후 3시다. 언니는 지금 큰 아들놈에게 뭔가 단단히 화가 나서 큰 아들놈 올 시간이 아직 3시간도 더 넘게 남았는데 아무 것도 못하고 있는 것이다.

"말해봐, 무슨 일인지, 왜 태영이가 뭐 잘못했어?"

"나 이 새끼 대학 안가도 좋아, 먼저 인간이 돼야지 좋은 대학 나와서 그 놈을 뭐에 쓰겠냐, 내가 지금 1년을 참고 참았어, 참는데도 한계가 있는 거야. 언제까지 더 참아 주냐구 이젠 더 못 참겠어, 내 오늘 들어오면 가만 두지 않을 거야, 싫으면 집 나가라 해. 그 새끼 나가도 안 잡아 "

언니의 화가 어느 정도인지는 알 것 같았다.

내용인즉, 고2학년의 예민한 시기부터 집안식구들은 태영이의 눈치를 살피기 시작했다. 말이 없는 태영이가 밝으면 집안분위기도 밝았고 태영이가 공부에 지쳐 예민해있으면 식구들 역시 신경을 곤두 세우고 태영이의 예민한 신경에 맞춰주려 애썼다.

형과 방을 같이 쓰는 중3의 동생은 형의 기분에 맞추어 방안에 들어갈 수 있었고 형이 예민한 날은 문도 제대로 열지 못하고 거실에서 배회하곤 했다.

2학년 때부터 시작된 그러한 생활들이 태영이 에겐 자연스런 부분이 되었는지 태영이는 집에 친척들이 와도 방안에서 공부를 하고 있었고 친척들이 돌아갈 때도 방안에 틀어박혀 있었다.

그러한 것을 지켜보던 엄마의 화가 버릇없어져 가는 자식을 더는 이렇게 놔둘 수 없다고 판단한 것이다.

그렇다. 공부보다 더 중요한 것은 인성이고 사람 살아가는 방법을 배우는 것이지, 가족도, 친척도 모르고 자신의 이기심만 채워가는 독불

장군이 공부를 잘해서 좋은 대학가면 뭐할 것인가.

중요한 것은,

언니는 아들의 이것이 문제이고, 아들의 이러한 점을 알려주고 싶은 것이다.

그런데, 언니는 지금 큰 대포 하나를 손에 쥐고 적이 나타나면 바로 적의 머리 위에 대포를 떨어뜨릴 전쟁에 나갈 공격자세를 취하고 있다는 것이다.

태영이는 적도 아니고 대포를 맞지 않아도 되는 아이이며 더 중요한 건 태영이는 조금 뒤에 전쟁이 일어나는지, 자신이 누군가의 적이 되어 있는지 조차 모른다는 것이다.

언니의 끊이지 않는 화풀이를 맞으며 물었다.

"태영이는 지금 언니가 이렇게 속상해 있는 거 알아?"

"모르겠지, 알겠냐, 그 새끼가! 그걸 알면 이렇게 하겠냐?"

"그럼 그걸 알려주면 되잖아, 언니가 지금 속상한 거,"

"그래서 오늘 내가 다 말 하려구,"

"근데 언니, 언니지금 전쟁터 나갈 사람 같아."

"알아, 전쟁을 한번 치룰 각오로 이러고 있는 거야?"

"태영이는 언니가 화나 있는 것도 모르고 지금 집에 오면 이런 환경이 기다리고 있다는 것도 모르겠지?"

"모르겠지."

"그럼 언니, 언니우선 전쟁터 나갈 마음준비를 바꾸고 기다려봐. 태영이는 생각도 못하고 있는 이런 상황에 얼마나 황당하고 당혹스럽겠어?."

"그래서?"

"대포부터 손에서 내려놓고, 그리고 태영이가 오면 언니의 감정, 식구들의 감정, 태영이로 인한 집안의 분위기 그동안 속태웠던 이야기들을 다 얘기해줘봐. 내가 생각하기엔 태영이는 지금 이러한 것들을 다 모르고 있을 것도 같은데, 알아도 이정도로 스트레스일 거란 생각을 못할 수도 있고"

"근데, 난 오늘 이 새끼가 한마디라도 내 뱉으면 못참을 거 같단 말이야."

"그럼 그것도 얘기를 해주고 시작을 해봐. 오늘은 무조건 내 얘기만 들으라고, 엄마가 예민해있으니 한마디도 하지말고 넌 듣기만 하라구."

"그래서?"

언니의 목소리는 이제 조금 진정이 된듯했고 조언을 구하는 입장이 되어 코치를 해달라고 부탁했다.

난 언니에게 우선 대포를 내려놓고 전쟁터로 나갈 마음을 버리고 상대가 적이 아닌 사랑하는 아들, 태영이란 것을 잊지 말라고 당부했다.

사랑하는 아들에게 야속한 맘이 있었고, 실망스런 맘에 스트레스는 있었지만 이것을 아들이 알아주기만 하면 되고 알아줄 수 있도록 엄마의 입장에서 전해주기만 하면 되는 것이다.

그때 또 다른 갈등이 있을 수 있는 것은 오늘 만큼은 아들이 내 얘기에 조금이라도 호응을 안한다면 참을 수 없을 것 같은 치솟는 감정, 그만큼 예민해 있다라는 것까지 다 알려주고 시작하라는 것이다. 그렇다고 아들이 무조건 인정을 하지 않을 수 도 있다. 이것까지는 지금 당장, 오늘 당장 들으라고도 해결하려고도 하지 말고 하루 이틀 상대도 생각할 시간을 주고 답은 그 후에 달라고 해도 늦지 않으니 아들에게도 생각할 기회와 시간을 주는 그런 방법을 제안했다.

언니는 알았다고 했고 아들이 돌아오면 얘기해보겠노라고 하며 전화를 끊었다.

다음날, 아침 일찍 언니한테 전화가 왔다.

너무 고맙다고, 너랑 아주 통화 잘한거 같다고, 막상 얘기해보니 정말 태영이는 아무것도 모르고 있었노라고. 우리들이 우리들끼리 태영이의 고3입장을 맞춰준다고 우리가 스스로 만든 분위기였다고, 정작 본인은 모르고 있었노라 면서 너무 많이 미안해했고 죄송스러워했고 그때마침 학교에서 돌아온 동생에게 몰랐다면서 사과를 하고 머리를 쓰다듬으니 동생은 그동안 얼마나 마음고생을 했는지 형의 손길 하나에 대성통곡을 했었다는 얘기, 듣기만해도 가슴이 따뜻해지면서 마음한쪽 귀퉁이는 아려오는 그러한 이야기를 언니를 통해 들을 수 있었다.

그렇다.

이것이 소통의 문제점인 것이였다.

정작 상대방은 모르고 있는데도 불구하고 우리들은 나만의 감정을 자제하지 못하고 얼마나 많은 오류와 실례를 범하고 있는가?

16
말 한마디에 천냥 빚을 갚는다는 속담의 진실

중학교 때부터 유난스럽게 말을 잘하는 친구가 있었다.

말을 잘 한다기보다는 예쁘게 잘 조잘거린다는 표현이 더욱 잘 어울리는 친구이다.

그 친구가 동화 속 이야기나 경험에서 실제로 겪은 경험담을 들려줄 때 하나,둘씩 모여드는 친구들의 숫자는 점점 많아져 무리의 친구들 속에서 이야기하는 것을 즐겨 하는 친구였다.

성인이 되어가면서 여러가지 환경과 상황이 맞지않아 전공을 선택하지 못해 원하는 일을 하지는 못하지만 그 친구의 조잘거리는 말 솜씨는 여전하다.

그 친구를 만나면 늘 즐겁다. 오래된 친구인데도 늘 상큼하고 신선한 분위기가 느껴진다.

나이를 먹어가면서 가장 가까운 사람에게 편하다는 장점이 있는가 하면 너무 편해서 실례되는 이야기를 쉽게 하는 단점이 있는데도 불구하고 그 친구는 상대의 기분을 절대로 상하게 하지 않는 장점이 있다.

그렇다고 해서 상대의 기분을 맞추어주거나 비위를 맞추는 아부성 발언을 하는 것도 아니다.

있는 그대로 솔직하게 자신의 입장을 이야기하고 상대를 지적해야 할 때는 정확하고 날카롭게 지적해주는 예리함도 가지고 있다.

그런데, 그 친구에게 듣는 나의 단점은 인정하면서도 기분 나쁘지 않다.

그 친구와 이야기를 나눌 때 나는 말하기보다 듣는 입장에 서 있는 경우가 더욱 많다.

그 친구의 말하는 입이 예쁘다는 것을 느끼며 생동감 있게 그림처럼 펼쳐내는 표현력이 놀랍고 어떤 심각한 이야기든 흥미롭고 재미나게 표현해내는 재치가 기발하다.

나는 말하는 교육을 하는 사람으로서 그 친구의 말하는 특징을 세분화시켜 연구해보았다.

1. 친구는 말할 때에 늘 웃으면서 말을 한다. 양쪽 입술 옆의 보조개가 늘 들어가 있는 것이 그 친구의 말하는 특징중 하나이다. 그래서 친구의 말하는 모습이 예쁘다.

2. 친구는 말할 때에 말의 내용과 표정이 일치한다. 눈이 움직이고 입이 움직이며 표정모두가 살아서 말과 함께 움직인다. 그래서 친구의 표정만으로도 흥미롭다.

3. 친구는 말할 때에 짧은 토막형 이야기보다 구술형의 대화체 이야기를 많이 한다. 게다가 대화체를 할때는 모든 제스처가 동행한다. 그래서 아무리 긴 이야기를 하더라도 재미가 있다.

4. 친구는 말할 때에 그때의 상황을 재연이라도 하듯이 드라마틱하게 세부적으로 이야기한다. 그래서 친구의 말이 이해가 빠르다.

5. 친구는 말할 때에 자신의 생각을 덧붙여 말하는 것을 좋아한다. 자신의 생각을 말할 때는 그에 맞는 부연설명을 아주 체계적으로 잘 설명해준다. 그래서 친구의 말에는 설득력이 있다.

6. 친구는 다른 사람의 이야기를 들을 때도 자신이 이야기한 것처럼 남의 이야기를 귀담아 잘 듣는다. 그리고 그에 맞는 맞장구나 피드백을 그 순간에 놓치지 않는다.-그래서 말하는 사람이 진지하다.

7. 친구는 다른 사람이 말할 때 이야기만 들을 뿐 아니라 말하는 사람의 감정, 상황, 분위기, 말하는 모양, 특징까지 다 찾아가며 듣는다. 그래서 그 친구와 이야기하는 것이 마냥 즐겁다.

친구를 보면 말 한마디에 천냥 빚을 갚는다라는 속담이 저절로 떠오른다.

왜냐하면 나는 말하는 사람임에도 그 친구의 말하는 입이 예뻐서 뭐든 다 해주고 싶기 때문이다.

17
목소리의 힘

사회적으로 위치도 있고 명예도 지니고 있고 성품으로도 존경 받는 기업회장님께서 찾아오셨다.

" 회장님께서 뭐가 부족하셔서 스피치를 다 노크하셨어요?"

"사람은 끊임없이 배워야지."

그렇지 않아도 늘 배움 속에서 끊임없이 공부하는 분으로 알려지신 분인데 또 배우신단다.

"취임사 좀 해 줘 봐. 난 그런 게 딱 질색인데 나이 먹으니 어쩔 수 없나 봐. 다들 무슨 회장 무슨 회장을 맡아 달라구 난리들이네."

난 회장님께서 요구하시는 대로 회장님이 속해 계신 단체의 특징, 연혁, 취지 등을 메모해서 취임사를 만들어냈고 회장님의 교육이 시작되었다.

회장님과 교육을 진행하면서 보니 멋진 취임사의 내용이 중요한 것이 아니라 어떻게 전달하느냐가 더욱더 중요한 요점이 되고 있었다.

　회장님은 점잖으신 분이다. 그렇잖아도 점잖으신 분이 연세가 드셨다는 이유로 더욱더 점잖아져야 한다고 생각하신다. 그러다 보니 목소리가 더 부드럽고 작아져서 전달력이 약해질 수 밖에 없었다.

　교육자체가 실전연습이 이루어져야 하는데 회장님은 그것 또한 마다하신다.

　"회장님, 스피치는 듣는 교육이 아니예요. 직접 해보시면서 내가 부족한 부분 발견하고 채워가셔야죠"

　"알았어요, 다 알아, 해봐"

　말의 전달력을 가지기 위해서는 말에 힘이 필요하다.

　회장님께서는 더욱더 말에 힘이 필요하신 분이다. 점잖게, 부드럽게를 강조하시다 보니 평상시 생활스피치에서는 문제가 없는데 연단 앞에 서 계실 때는 전혀 포스나 카리스마가 없는 잘 들리지도 않는 소리를 내고 계셨다.

　말에 힘을 불어넣기 위해서는 특히나 발성이 준비되어야 한다.

　목에서 나는 소리가 아닌 배에서부터 소리를 끌어올려 주어야 한다. 그러기 위해선 호흡 또한 중요하다.

　호흡이나 발성은 듣는 훈련이 아닌 본인이 직접 소리를 내야 하는 실전교육이다.

　평상시 목에서 내는 소리로 일반적인 목소리만을 내본 회장님께서는 발성연습자체를 부담스러워하셨다.

"회장님, 우리는 나이를 먹어가면서 점점 더 온 몸의 장기들이 쇠약해져 가잖아요. 그 중, 우리의 혀도 마찬가지예요. 혀 자체도 굳어가요. 어르신들께서 말씀 하시다 보면 한숨을 쉬시면서 말하기도 힘들다고 하시죠? 그게 다 호흡과 굳어져가는 혀 때문 이예요. 회장님 그렇게 되시고 싶으세요?"

회장님과의 논쟁이 길어지고 혀가 굳는다는 말씀에 신경이 쓰이셨는지 회장님은 자리에서 일어나 실전교육을 시작하셨다.

많은 경험과 노하우로 큰 어려움 없이 진행하실 수 있는 일들인데도 회장님은 자신을 둘러싸고 있는 무거운 짐들을 내려놓지 못하셨다.

그 무거운 짐은 다름아닌 체면과 위신, 명예, 권위, 자신을 둘러싸고 있는 환경적인 요인에서 비롯된 것들 이였다.

"회장님, 큰 목소리로 자신 있게 해보세요. 잘 들려야 하잖아요. 회장님 목소리가 입 속에서 우물거리고 있는 거 같아요."

"내가 무슨 젊은 사람도 아니고 젊잖게 해야 좋은 거 아니야?."

큰 목소리로 그렇게 하면 체면이 구겨지지, 위신이 깎이지, 망신살 당하지 않겠어? 하는 것이 회장님의 생각이였다.

목소리는 자신감과 비례한다.

아주 큰 목소리가 아니라 장소에 맞는 목소리를 낼 수 있다라는 것은 중요한 것이다.

평상시 본인이 내는 목소리로 소공연장이나 대공연장에서 말을 한다고 생각해보자. 그안에 청중들이 소수일 때와 꽉 차있을 때의 차이를 생각해보자. 크게 달라질 것이다.

때와 장소에 따라 내 목소리를 힘들지 않고 자연스럽게 낼 수 있도록 연습을 하는 것이 바로 발성연습인 것이다.

발성연습을 많이 하면서 호흡과 목소리의 크기를 스스로 조절할 수 있다면 어떠한 장소에서든 말하는 것에 대한 두려움을 이겨낼 수 있다. 발성연습은 말 그대로 목소리의 힘인 것이다.

18

나만의 색깔 찾기

무언가를 말하려 할 때 여러 가지로 말하는 방법이 있다.

설명식이 있을 것이고, 주장이 있을 것이고, 재미있게 풀어내는 스토리텔링이 있을 것이고 조리 있고 깔끔하게 마무리하는 논리적 표현방식이 때때로 필요할 때도 있을 것이다.

젊어서는 한가락 했을법한 모습이 외향적으로 풍겨져 나오는 멋쟁이 여자분이 방문하셨다.

표정과 눈빛, 말씀하시는 모든 부분이 정열적이고 애교스런 사랑이 넘치는 여성분이셨다.

　직장에서 강연의 기회나 프리젠테이션 기회가 많으셔서 오신 분이다.

　먼저 강연하는 모습을 보았는데, 듣는 나도 쏙 빠져들 만큼 맛있게 말하는 방법을 잘 알고 계시는 분이셨다.

　더욱 그분의 강연이 즐거운 이유는 그분 역시나 연단 앞에서 강연하는 것을 너무나 재미있어 하신다.

　본인이 즐거워하는 일을 누군가가 재미나게 들어주고 있으니 그분 어깨엔 날개가 달린 셈이다.

　다음은 프리젠테이션 설명회 시연이 있었다.

　가지고 계신 PPT자료에 의한 회사소개를 설명하는 부분인데 그 부분은 체계적이고 분석적인 정리에 의한 설명이 필요한 부분이다.

　큰 주제와 소주제, 그리고 핵심적인 부분을 요약을 해서 설명하는 부분이 필요한데 그 부분이 여사님껜 도움이 필요한 부분 이였다.

　말씀하시는 것을 좋아하는 분이라 재미있게 표현하는 말씀은 잘하시는데 요약하는 것이나 정리하는 부분이 어려우신듯했다.

　PPT자료에 의한 설명방법은 구두로 하는 것보다 훨씬 더 효과적이라 할 수 있다.

　PPT자료를 작성하는 것 역시 중요한 부분인데 자료 안에 설명 해야 할 부분들을 빼곡하게 써넣는 방법은 보는 사람으로 하여금 시작하기도 전에 싫증나고 지루하게 만드는 방법이다.

강연을 할 때는 이미지자료를 넣는 것이 보는 사람에게 재미와 흥미를 더해주는 방법일 수 있고 글로 작성을 할 때는 중요한 아우트라인 몇 가지만 작성한 뒤 나머지는 보충 설명식으로 설명을 진행하는 것이 효과적이다.

근데 우리들이 자칫 실수를 하는 경우는 전문가가 아닌 일반인들의 경우는 혹시나 잊어버릴까 싶어 슬라이드 한 페이지 안에 내가 설명할 것들을 빼곡히 적어 넣는 경우가 많으며 또 하나는 그것을 읽어내느라 청중들을 바라볼 마음의 여유가 없다는 것이다.

여사님은 골치 아픈 ppt자료를 작성하는 것도 싫어하셨고 그것을 체계적으로 설명하는 것은 더욱더 싫어하셨다.

어색해하셨고 딱딱해하셨고 본인의 옷을 입은 것 같지 않고 남의 것을 앵무새처럼 따라만 하는 따라쟁이 같았다.

프리젠테이션 내용을 한번 모델링해서 설명해준 뒤에 내용파악을 정확히 하도록 하였다.

그리고 그 설명을 본인의 색깔에 맞도록 표현해내라고 하였다.

딱딱한 정보에 의한 설명을 풀어서 내 식으로 설명해 내는 것도 괜찮은 방법이라는 것을 여사님을 통해 알게 되었다.

브리핑자체가 가벼웠고 소통이 원할 하다는 느낌과 함께 듣는 사람을 편안하게 만들어주는 장점이 있었다.

그래서 모든 것은 자연스러워야 하는 것이고 본인의 특색에 맞추어 찾아내야 하는 것인가 보다.

　여기서 중요한 것은 내용파악이 제대로 흡수되지 않고서는 어떠한 내용도 색을 넣을 수는 없다.

　내가 전달하고저 하는 내용에 대한 정확한 핵심과 핵심을 전달하는 킥 포인트 정도는 살려내면서 여러가지 흐름에 맞는 색을 입히는 것이 아름다운 조화를 이루어내는 말하기의 작품일 것이다.

암기의 문제점

　무엇인가 앞에 나서서 설명을 해야 할 때에 불안감이 엄습해오면 일반적으로 우리들은 두 가지 중 한가지를 선택하는 경우가 많다.

1. 작성한 것을 보고읽기.
2. 통째로 다 외워버리기

　보고 읽는 것은 말 그대로 읽기이다. 강사처럼 그럴싸하게 설명해주는 것이 아니라면 국어책 읽듯이 눈으로 보이는 것들을 전체에게 다시 한번 읽어주는 역할만 하게 되는 것이다.

읽기도 바쁜 와중에 시선처리는 어떻게 할 것이며 읽어 내리면서 청중과의 소통은 어떻게 이루어낼 것인가? 시선과 몸과 마음 모든 것은 내용이 빼곡히 적혀있는 자료에만 의존될 것이 뻔하다. 그래서 읽는 다는 것은 진짜 잘하는 낭독법이 아니라면 실패할 수 있는 요인이 많다라고 볼 수 있다.

다음은 통째로 다 외워버리기

이건 필자의 예를 들겠다.

처음 미술학원을 오픈 하고 부모님들을 모셔놓고 오리엔테이션 설명회를 가졌다.

첫 원장의 인사말을 A4지 한 장 분량으로 작성해서 밤새 외웠다. ~초록 꿈 미술학원 학부모 여러분! 저희 초록 꿈 미술학원을 방문해 주셔서 진심으로 감사 드립니다.~~~~~~~첫인사라고만 작성해도 좋을 것을 그때는 글자 하나 토씨 하나 놓치지 않고 그대로 작성했고 외워서 연습하다 글자 하나만 놓쳐도 잘못했다고 스스로의 머리를 쥐어박으며 다시 연습하고 다시 연습했다.

열 번을 연습하는데 글자 하나 놓치지 않고 원고 그대로 외운 것은 한번도 채 되지 않는것 같다.

왜 이렇게 안 되나, 머리가 굳었나 보다, 돌 머리다 애꿎은 머리탓만 하며 외우고 외우고 외우고를 반복해도 한마디라도 실수를 하지 않고 인사말을 외우듯이 해내려 가는 것은 여간 어려운일이 아니였다.

다음날, 시간이 되어 학부모님들은 한분 두분 현관문을 열고 들어서는데 반갑게 달려가서 인사를 전해야 할 나는 창고 안 깊숙히 들어가 어제 외운 인사말을 다시 외우고 외우느라 정신이 없었다. 어젯밤엔 그래도 제법 되는 것 같던 인사말은 다시 꼬이고 꼬여 생각도 나지 않고 당황스럽기만 했다. 담당선생님의 주도하에 오리엔테이션은 시작되었고 부모님들이 자리를 다 메우는 상황에서 까지도 원장은 얼굴을 비추지도 못했다. 그놈의 인사말 원고 때문에…

사회진행을 맡았던 담당선생님께서 원장님의 인사말이 있겠습니다. 라는 멘트가 이어지고 창고 안에서 아주 당황스럽고 멋적은 표정을 하며 나타난 나였다.

눈에 익은 부모님들께 편안하게 오셨어요? 하면 될 것을…..어제 써 내려 가고 밤새 외웠던 그 원고만이 머릿속에 가득하여 아주 긴장되고 딱딱한 표정으로 안녕하십니까? 초록꿈 학부모님, 그리고 귀빈 여러분. 하며 인사말을 이어나갔다.

지금 생각해보면 쥐구멍이라도 들어가고 싶은 심정이다. 듣는 사람들은 또 얼마나 멋적고 어색했을까?

결국 마무리까지 멋있게 끝내지도 못하고 중간에 내용을 잊어버려서 멀뚱멀뚱 눈만 껌뻑이고 있다가 자진신고를 했다.

사실은 내가 어제 밤새 이렇게 저렇게 외웠는데 아무것도 생각나지 않는다, 지금 앞이 깜깜하다.앞뒤가 안 맞더라도 내가 원을 하면서 운영방안, 계획, 각오 등을 소신껏 말씀 드리겠노라, 이렇게 편하게 주저리 주저리 말하다 보니 십년묵은 체증이 다 내려가는 기분이였다. 그제서야 부모님들 얼굴도 제대로 보이고 표정도 살아나서 웃기도 하고 심오한 표정도 지어내며 살아있는 이야기를 할 수 있었다.

그렇다.

그때의 실전경험도 있었지만 그 외 지금까지 교육을 진행해오면서 역시 암기해서 긴 문장을 설명하는 것은 그다지 바람직한 방법은 아니라는 것을 깨달았다.

암기의 문제점,

1. 머릿속에 오로지 그 내용만이 가득 차 있다.
2. 설명이 구체적이지 못하다. 중간에 다른 내용이 들어오면 앞,뒤 문맥이 매끄럽지 않아 당황하게 된다.
3. 표정, 시선이 경직되어 자연스럽지 못하다.
4. 글귀 하나를 잘못 표현하거나 잊어버렸을 때 뒤에 모든 글귀가 다 혼란스러워진다.

짧은 글이나 아우트라인 암기하는 것과는 다른 방식이다.

무엇인가를 설명해야 할 때에는 내용을 이해하고 습득해서 다른 표현방식이라도 좋으니 여러가지 방법으로 설명해보는 것이 훨씬 효과적이라 할 수 있다.

20 면접기법

고등학교 3학년 학생이 엄마의 손에 이끌려 교육원을 방문했다.

학교성적은 상위권이고 상받은 내역이나 활동 영역 역시 스펙이 장난이 아니게 좋은 친구였다.

수시를 준비하고 있어서 구술면접을 하고자 했다.

미래에 대한 계획도 철두철미하게 준비되어 있는 친구라 어렵지 않게 면접에 임할 수 있을 거라 생각했는데 막상 면접준비에 들어가니 서류상 되어 있는 것과는 달리 속이 비어 있는 느낌이였다.

봉사활동영역에서 기록에 나와 있는 것은 주말마다 요양원을 다니며 봉사점수와 상관없이 할머니, 할아버지들을 위해 마음의 봉사를 나눈다고 되어 있는데 막상 봉사활동에 대한 질문을 시작하니 뜬금없는 대답이 흘러나왔다.

"봉사활동을 끊임없이 해온 것으로 알고 있는데 어떤 마음으로 봉사를 하고 있나요?"라는 질문에

"그건 엄마가 거의 한건데요." 라고 쌩뚱 맞은 답변을 던져왔다.

아이의 한마디 대답에 자기소개서에 나와있는 모든 내용들이 신뢰하기 어려운 느낌으로 다가왔고 서류상에 나와 있는 대단한 스펙과는 달리 무성의한 답변에 커다란 실망감으로 다가왔다.

중학교시절 캐나다 2년 어학연수가 적혀있었는데 그때의 느낌을 물었을 때도 긍정적 답변 보다는 부정적 답변으로 크게 좋은 성과를 거두기는 어려웠다.

면접에서 중요한 것은 솔직함으로 승부하는 것이다.

거기에 더 중요한 것은 솔직함에 진정성이 묻어나야 하는 것이고 그 진정성에도 의지나 하고자 하는 의욕은 살아있어야 하는 것이다.

왜 여기에, 이곳에서 내가 면접관이 묻는 질문에 답을 하고 있는 것인지, 무엇을 위해 그렇게 해야 하는 것인지, 투명하게 알지도 못하고 그곳에 앉아 있어서는 허수아비, 바보 같은 느낌만을 주게 될 것이다.

몇가지 질문들을 하다가 질문하는 것을 멈추고 왜 이 학교에 가고 싶은지.

왜 이것을 전공하고 싶은지부터 상담을 하기 시작했다.

지금 가장 중요하다고 생각하는 것이 무엇인지, 왜 여기에 와서 바쁜 시간 동안 면접준비를 하고 있는지.

아이와 상담을 진행하면서 알게 된 것은 무엇을 하든 아이의 의도나 아이의 생각보다는 엄마의 손에 이끌려 맹목적으로 따르고 있다는 사실이었다.

싫은 것도 아니었고 크게 좋은것도 아니였으며 해야하기에 평상시처럼 언제나 늘 그렇게 생활해왔던 것이었다.

아이에게는 면접시 가장 중요한 요소인 의욕이나 열의가 없었다.

그래서 확신을 주는 답변을 할 수 가 없었고 신뢰성 있는 답변을 상대방에게 줄 수가 없었다.

아이와 상담을 하고 아이에게 필요한 부분을 설명해주었다.

이건 엄마가 해줄 수 없는 일이라는 것, 다른 활동들은 엄마가 만들어주고 네가 옆에 있으면 되는 일이었어도 이것은 아니라는것, 그리고 이것은 네가 해야만 한다라는것

너에겐 이 대학에 꼭 가고 싶은 의욕이 느껴지지 않는다는것. 잘하는 것이 많음에도 그것을 표현력이 부족해서 제대로 어필하지못하는 네가 안타깝다라는것.

많은 이야기를 나눈 뒤 아이와의 면접이 다시 진행되었다.

아이는 달라졌다.

똘똘한 아이가 구술면접자체에 대한 핵심포인트를 몰랐으며 무엇을 주어야 하는지를 몰랐을 뿐이다.

아이의 대답은 월등히 좋아지진 않았지만 구술형 대답을 하려 애썼고 유창하게 자신의 의견을 말할 수는 없었지만 자신의 뜻을 전달하려는 노력이 표정이나 손짓에서 풍겨져 나왔다.

나와 이 아이간에 뜻이 하나가 되었음을 알았다.

그리고 아주 정교하게 세심하게 하나하나를 꼼꼼히 살피며 정성스레 아이와 교감을 나누었다.

무엇이든 필요성과 중요성을 알아야 동기부여가 생겨난다.

왜? 무엇을 하기 전에 왜?를 다시 한번 물어야 한다. 왜 여기에 있는가? 왜 이것을 하고 있는가? 왜 해야만 하는가? 이런 질문들을 통해 내가 확신 있는 마음을 가질 수 있기 때문이다.

21
진정성 어린 말

내 마음엔 지금도 한사람의 참 고마운 사람이 있다.

진정 나를 아껴주고 진정 나를 응원해주는 사람이란 걸 나는 안다.

그렇기에 늘 가슴 한구석에 감사함으로 남아있는 한 사람이 있다.

평상시엔 장난기 많은 말장난과 툭툭 내뱉는 말투로 옥신 각신 벌이는 대화를 자주하지만 가끔 진지한 말을 건넬때면 그 사람의 진심어린 마음을 읽어낼 수 있다.

말로서 나의 생각을 전할 수는 있지만 나의 마음까지 전한다는 것은 참으로 쉽지 않은 일이다.

그럼에도 말하는 사람의 진심을 읽어 낸다는 것은 그 말속에 말하는 사람의 진정성을 넣었기 때문이다.

나는 이 사람이 말할때면 가슴이 벅차 올라 눈시울이 뜨거워진다.

그 사람이 진심을 불어넣은 진정성 있는 말을 할 수 있는 것은 평상시 그 사람이 사람을 대하는 마음자세에서 나온다.

어떤 위치에 있든 어떤 성격을 지녔든 본인 나름대로의 잣대로 평가하지 않으며 누군가를 험담하는 것 또한 단 한번도 본적이 없다.

지위가 높든 낮든 모든 사람을 똑같이 따스하게 존중하며 대하는 사람이고 나에게 아무리 모질고 나쁘게 대한 사람이라도 용서할 줄 아는 사람이기에 그가 하는 말에선 향기가 날 수 밖에 없는 것이다.

그래서 나는 누군가를 응원할 때 꼭 그 사람처럼 그렇게 말하고 싶다.

진심어린 말들이 사람을 얼마나 변화시키고 있는지 알고 있기 때문이다.

늘 바쁘다는 이유로 욕심부리며 살아가는 나에게 타이틀이나 스펙보다 더 중요한 것은 영적으로나 심적으로나 충만하지 않으면 껍질뿐이다 라는 그 말 때문에 나는 심적으로 부유해지는 책임을 지려한다.

그래서 한 순간도 감사함을 잃지 않으려 하고 노력하려 하고 성장하려 하고 신뢰 주려고 하며 마음속에 빈곤이 아닌 감사함으로 충만한 부를 가지려 애쓴다.

어린시절 선생님의 긍정적 한마디가 아이의 평생 운명을 결정지게 하듯이, 누군가에게 건네주는 진심어린 말 한마디가 사람을 변화하게 만들수도 있다.

유창한 말로서 주는 설득은 사람의 행동을 결정하는 여러 가지 요소들로서 행동에 변화를 주는 것이지만 말로서 유쾌한 설득이 어렵다면 말에 진심어린 진정성을 부여해보자.

명품스피커의
7가지 기술

초판 1쇄 2013년 12월 30일
초판 2쇄 2014년 9월 5일

지은이 | 이도경
펴낸이 | 채주희
펴낸곳 | 해피 & 북스

서울시 마포구 신수동 448-6
대표전화 (02)323-4060, 6401-7004 **팩스** (02)323-6416
e-mail | elman1985@hanmail.net
출판등록 제 10-1562호

© 2014 by Elman Publishing Co. 2014, Printed in Korea

978-89-5515-529-7
값 13,800원

*무단 전재 및 복제는 금합니다.
*잘못된 책은 바꾸어 드립니다.